气势恢宏的地下兵团

秦始皇帝陵博物院

主　编　李炳武
本册编著　田　静

西安出版社

图书在版编目（CIP）数据

气势恢宏的地下兵团：秦始皇帝陵博物院 / 李炳武主编. —— 西安：西安出版社, 2018.11（2024.4重印）

ISBN 978-7-5541-3475-7

Ⅰ. ①气… Ⅱ. ①李… Ⅲ. ①秦始皇陵 - 介绍 Ⅳ. ①K878.8

中国版本图书馆CIP数据核字（2018）第275745号

气势恢宏的地下兵团
秦始皇帝陵博物院
QISHIHUIHONG DE DIXIABINGTUAN
QINSHIHUANG DILING BOWUYUAN

出 版 人：屈炳耀
主　　编：李炳武
本册编著：田　静
策划编辑：李宗保　张正原
项目统筹：张正原
责任编辑：魏　萍
责任校对：赵春荣
责任印制：尹　苗
出版发行：西安出版社
社　　址：西安市长安北路56号
电　　话：（029）85253740
邮政编码：710061

印　　刷：三河市华东印刷有限公司
开　　本：787mm×1092mm　1/16
印　　张：15.25
字　　数：145千
版　　次：2018年11月第1版
　　　　　2024年4月第5次印刷
书　　号：ISBN 978-7-5541-3475-7
定　　价：88.00元

如有印刷、装订问题，本社负责另换。

序一

阅读文物 拥抱文明

文物所折射出的恒久魅力，已为越来越多的人所认识。今天呈现在读者面前的这部"丝路物语"书系，就是这一魅力的具体体现。

"要让收藏在博物馆里的文物、陈列在广阔大地上的遗产、书写在古籍里的文字都活起来。"党的十八大以来，习近平总书记担负着实现中华民族伟大复兴的历史重任，饱含着对传统文化的深厚感情，让文物活起来始终为其所关注、所思考。让文物活起来，就是深入挖掘文物的内涵，充分发挥文物的作用。中国文物是中华民族的文明印记和精神标识，是全体中国人乃至全人类的珍贵财富；它对于激发人民群众对中华优秀传统文化的了解、认同和热爱，坚定文化自信，汇聚发展力量等作用是不言而喻的。

近年来，一些优秀的文物类书籍、综艺节目、纪录片、文化创意产品等不断涌现，文化遗产元素成为国家外交的桥梁，文物逐渐成为"网红"并受到越来越多年轻人的青睐，这些都充分彰显着"让文物活起来"已逐渐从理念转化为行动，那些在历史长河中积淀下来的文物珍存正在不断走近百姓、融入时代、面向世界。

说到文物，不能不把眼光聚焦于丝绸之路。人类社会交往的渴望推动了世界文明间的相互交融和渗透，中华文明与亚、欧、非三大洲的古代文明很早就发生接触，相互影响，相互交流。直到1877年，德国地理学家李希霍芬在他的著作《中国——我的旅行成果》里首次提出了"丝绸之路"一名。近半个世纪以来，随着丝绸之路考古发现和学术研究的不断深入，极大地开阔了人们的视野。特别是"一带一路"倡议的全面推进，丝绸之路研究更成为国际显学。在古代文明交流史上，丝绸之路无疑是极其璀璨的一笔。它承载着千年古史，编织着四方文明。也正因为丝绸之路无与伦比的历史积淀，形成了独特的历史文化遗产，其数量之大、等级之高、类型之丰富、序列之完整、影响之深远，都是世所公认的。神秘悠远的古代城址、波澜壮阔的长城关隘烽燧遗址、精美绝伦的艺术品、气势磅礴的帝王陵墓、灿若星辰的宫观寺庙、瑰丽壮美的石窟寺……数不清道不尽的文物珍宝，足以使任何参观者流连忘返，叹为观止。2014年，"长安—天山廊道的路网"成功跻身《世界文化遗产名录》，使丝绸之路迎来了新的历史机遇，也对广大文化文物工作者提出了新的要求。

"让文物说话，把历史智慧告诉人们。"这是习近平总书记的谆谆嘱托。中华文化优雅如斯，如何让文物说话，飞入寻常百姓家，是当下无数文化界人士亟待攻坚的课题，亦是他们光荣的使命。客观来讲，丝绸之路方面的论著硕果累累，但从一般读者角度，特别是从当下文化与旅游结合角度着眼的作品不多，十分需要一套全面系统地介绍丝绸之路文物故事的读物。令人欣喜的是，西安出版社组织策划了这套颇具规模的"丝路物语"书系，并由李炳武先生担任主编，弥补了这一缺憾。李炳武先生曾经长期在文物文化领域工作，也主持过"中华国宝·陕西珍贵文物集成""长安学丛书"和《陕西文物旅游博览》等大型文物类图书的编纂工作，得到了业界的充分肯定；加之丛书的作者都是有专业素养的学者，从而保证了书稿的质量。

如何驾驭丝绸之路这样一个纵贯远古到当今、横贯地中海到华夏大地的话题，对于所有编者来说，都是具有挑战性的。这套书的优点或者说特点，可以概括为以下几个方面：

这套书最大的一个优点，就是大而全。从宏观的视野，用简明的线条，对陆上丝绸之路的博物馆、大遗址进行了全景式梳理，精心遴选主要文物，这些国宝的历史、艺术和科学价值在字里行间一一呈现。

丝绸之路文化遗产类型丰富，作者在文中并没有局限于文物本身的解读，还根据文物的特点做了大量的知识拓展，包括服饰的流变，宗教的传播，马匹的驯化，葡萄等水果的东传，纸张的发明和不断改进，医学的发展，乐器、绘画、雕刻、建筑、织物、陶瓷等视觉艺术的交互影响，等等。其中既有交往的结果，也有战争的推动。总体而言，这些内容是讲述丝绸之路时所不可或缺的内容，使读者透过文物认识了丝绸之路丰富的文化内涵。

值得称道的是，这套书采取探索与普及相结合的方式，图文并茂，力求避免学究气的艰涩笔调，加入故事性、趣味性，使文字更具可读性，达到雅俗共赏的目的。通过图书这一载体，能够使读者静静地品味和欣赏这些文物，传达出对历史的沉思和感悟，完善自己对文物、丝绸之路和文化的认知。读过这套书后，相信读者都会开卷有益，收获多多，文物在我们眼中也将会是另一番面貌。

我们有幸正处于坚持以人民为中心的改革发展伟大时代，每一件文物，都维系着民族的精神，让文物活起来，定会深入人心、蔚为大观。此次李炳武先生请我写序，初颇踌躇，披卷读来，犹如一场旅行，神游历史时空之浩渺无垠，遐思华夏文化之博大精深。兼善天下、感物化人历来是每一个中国知识分子的精神所属，若序言能为一部作品锦上添花，得而为普及民众实现化人起到促进作用，何乐而不为？

是为序。

郑欣淼

2018年9月6日于北京

序二

丝路物语话沧桑

2013年9月，中国国家主席习近平访问哈萨克斯坦时，在纳扎尔巴耶夫大学发表演讲，首次提出共同构建"丝绸之路经济带"的宏伟倡议。2014年6月，"长安—天山廊道的路网"成功跻身《世界文化遗产名录》。

丝绸之路是世界上路线最长、影响最大的文化线路。丝绸之路是指起始于古代中国的政治、经济、文化中心——古都长安（今西安）连接亚洲、非洲和欧洲的古代陆上商业贸易路线。它跨越陇山山脉，穿过河西走廊，通过玉门关和阳关，抵达新疆，沿绿洲和帕米尔高原通过中亚、西亚和北非，最终抵达非洲和欧洲，向南延伸到印度次大陆。这条伟大的道路沟通了中国、印度、希腊三大文明，全长一万多公里。它是一条东方与西方之间经济、政治、文化进行交流的主要道路，促进了欧亚大陆不同国家、不同文明之间在商贸、宗教、文化以及民族等方面的交流与融合，为人类社会的共同发展和繁荣做出了卓越贡献。

公元前138年，使者张骞受汉武帝派遣从陇西出发，出使月氏。13年中，他的足迹踏遍天山南北和中亚、西亚各地。在随后的2000多年间，无数商贾、旅人沿着张骞的足迹，穿越驼铃叮当的沙漠、炊烟袅袅的草原、飞沙走石的戈壁来往于各国之间,带来了印度、阿拉伯、波斯和欧洲的玻璃、红酒、马匹、宗教、科技和艺术,带走了中国的丝绸、漆器、瓷器和四大发明,举世闻名的丝绸之路渐渐形成。

用"丝绸之路"来形容古代中国与西方的文明交流,最早出自德国著名地理学家李希霍芬1877年所著的《中国——我的旅行成果》一书。由于这个命名贴切写实而又富有诗意,很快得到学术界的认可,并风靡世界。

近年来,丝绸之路迎来了新的历史机遇,沿丝绸之路寻访探秘的人络绎不绝。发展丝路经济,研究丝路文明,观赏丝路文物成了新时代的社会热潮。中央文化产业发展专项资金资助项目"丝路物语"书系,便应运而生。在首辑10册和读者见面之际,作为长安学研究者、"丝路物语"书系的主编,就该书的选题范围、研究对象、编写特色及意义赘述于下:

"丝路物语"书系,以"丝绸之路:长安—天山廊道的路网"遗产及相关博物馆为选题范围。该遗产项目的线路跨度近5000公里,沿线包括了中心城镇遗迹、商贸城市、聚落遗迹、交通遗迹、宗教遗迹和关联遗迹五类代表性遗迹以及沿途丰富的特色地理环境。共计包括三个国家的33处遗产点,其中吉尔吉斯斯坦境内3处,哈萨克斯坦境内8处,中国境内22处。属丝绸之路东段的重要组成部分,在丝绸之路交通与交流体系中具有独特的起始地位和突出的代表性。它形成于公元前2世纪,兴盛于公元6至14世纪,沿用至16世纪,连接了东亚和中亚大陆上的中原地区、河西走廊、天山南北与七河地区等四个地理区域,分布于今中华人民共和国、哈萨克斯坦共和国和吉尔吉斯斯坦共和国境内。沿线遗迹或壮观巍峨，或鬼斧神工，或华丽精美，见证了欧亚大陆在公元前2世纪至公元16世纪之间人类文明进步的重要阶段，以及在这段时间内多元文化并存的鲜明特色。

"丝路物语"书系，每册聚焦古丝绸之路上的一座博物馆、一处古遗址或一座石窟寺，力求立体全面地展示丝绸之路上的历史遗存、人文故事和风土人情。这是一套丝绸之路旅游观光的文化指南：从中可观赏到汉代桑蚕基地的鎏金铜蚕，饱览敦煌石窟飞天的婀娜多姿，聆听丝路古道上的声声驼铃。古丝绸之路是人类文明的宝贵遗产，记录着社会的沧桑巨变，这也是一部启封丝路文明的记忆之书。

"丝路物语"书系，以阐释文物为重点。文物是中华民族的精神标识。"要让收藏在博物馆里的文物、陈列在广阔大地上的遗产、书写在古籍里的文字都活起来"（习近平语）。这对于激发人民群众对中华优秀传统文化的了解、认同和热爱，坚定文化自信，汇聚发展力量不可小觑。

文物是不可再生的国之珍宝，从中可折射出人类文明的恒久魅力。对文化的认同感与归属感应当成为一种生活状态。我们从梳理丝绸之路沿线博物馆馆藏文物、石窟寺或大遗址为契机，从文化的立场阐释文物的历史意义，每篇文章涵盖了文物信息的描述、历史背景的介绍、文物价值的分享和知识链接等板块，在聚焦视角上兼顾学术作品的思想层与通俗作品的故事层双重属性，清晰地再现文物从物质性到精神性的深层转变，着力探讨文物作为一种精神力量对历史的思考。用时空线索描绘丝绸之路的卓越风华，为读者梳理丝绸之路的文化影响，以文物揭示历史规律，彰显更深层、更本质的文化自信，激发读者的民族自豪感。"丝路物语"书系以文物为研究对象，从中甄选国宝菁华，讲述它们的前世今生。试图让读者从中感受始皇地下军团的烈烈秦风，惊叹西汉马踏匈奴的雄浑奔放，仰慕大唐《阙楼仪仗图》的盛世恢宏，这是一部积淀文化自信的启智之作。

"丝路物语"书系，以互动可读为特色。在大众传媒多元数字化的背景下，综合运用现代科技的引进更能推动文化传播的演变进入一个崭新的领域，相契于文字的解读，更透出传统文化的深邃意蕴。为多维度营造文化解读的可能性，吸引更多公众喜欢文物、阅读文物，"丝路物语"可谓设计精良，处处体现出反复构思、创新的态度。设计重点关注视觉交流的层面，借助丰富的图像资料和多媒体技术大幅强化传统文化元素可视、可听、可观的直接特征，有效提升文化遗产多维度的观感效果。古人著书立说重字画兼备，"宣物莫大于言，存形莫善于画"，所以由"图书"一词合称。本书系选用了近600幅专业文物图片，整体、局部、多角度展示，让读者在阅读文字之余通过精美的图片感受文化的震撼与感动，让读者更好地认知历史、感知经典，体验当代创新之趣。

"丝路物语"书系，以弘扬互利共赢的丝路精神为使命。"丝绸之路：长安—天山廊道的路网"在东亚古老的华夏文明中心和中亚历史悠久的区域性文明中心之间建立起长距离的交通联系，在游牧与定居、东亚与中亚等文明交流中具有重要意义,并见证了古代亚欧大陆人类文明与文化发展的主要脉络及若干重要历史阶段以及突出的多元文化特征,是人类进行长距离交通、商贸、文化、宗教、技术以及民族等方面长期交流与融合的文化线路杰出范例。

2000多年前,我们的先辈筚路蓝缕,穿越草原沙漠,开辟出联通亚欧非的陆上丝绸之路。这不仅是一条通商易货之道,更是一条知识交流之路。沿着古丝绸之路,中国将丝绸、瓷器、漆器、铁器传到西方,也为中国带来了胡椒、亚麻、香料、葡萄、石榴。沿着古丝绸之路,佛教、伊斯兰教及阿拉伯的天文、历法、医药传入中国,中国的四大发明、养蚕技术也由此传向世界。更为重要的是,商品和知识交流带来了观念创新。比如,佛教源自印度,在中国却发扬光大,在东南亚得到传承。儒家文化起源中国,却受到欧洲莱布尼茨、伏尔泰等思想家的推崇。这是交流的魅力,互鉴的成果。这些各国不同的异质文化,犹如新鲜血液注入华夏文化肌体,使脉搏跳动更为雄健有力。古丝绸之路绵亘万里,延续千年,积淀了以和平合作、开放包容、互学互鉴、互利共赢为核心的丝路精神。

新时代、新丝路、新长安。2017年,习近平主席在"'一带一路'国际合作高峰论坛"上指出:古丝绸之路是人类文明的宝贵遗产。为让这些遗产、文物鲜活起来,西安出版社策划出版的"丝路物语"书系,承载着别样的期许与厚望,旨在以丝绸之路的隽永品格对话当代社会的文化建构,以高度的文化自觉唤醒当代社会的文化自信。

我们作为丝绸之路起点长安的文化工作者，更应该饱含对传统文化的深厚感情，自觉担负起实现中华民族伟大复兴的历史重任，充分运用长安学的最新研究成果，为保护、研究和传承人类文明的宝贵遗产尽心尽力，助推"一带一路"伟大事业的蓬勃发展。

精品力作是出版社的立身之本，亦是文化工作者的社会担当。"丝路物语"书系的出版，凝聚着众多写作和编辑人员的思考与汗水。借此，特别感谢郑欣淼部长的热情赐序；感谢策划人、西安出版社社长屈炳耀先生的睿智选题与热情相邀；感谢相关遗址、博物馆领导的支持和富有专业素养的学者和摄影人员的精心创作；更要感谢西安出版社副总编辑李宗保和编辑张正原认真负责、卓有成效的工作。

"丝路物语"书系的出版虽为刍荛之议、管窥之见，但西安出版社聆听时代声音、承担时代使命以及致力于激活文化遗产、传播中国声音的决心定将走向更远的未来。

是为序。

李炳武

2018年11月18日于长安阁

丝路物语
秦始皇帝陵博物院

058	高级军吏俑	气宇轩昂的将军
064	高级军吏俑	指挥若定的将军
070	战袍军吏俑	骁勇善战的将军
074	中级军吏俑	勇敢刚毅的武官
079	秦陵的陶文	物勒工名的体现
086	兵器铭文	金字塔式管理制度
094	铜车马	始皇銮驾的风采
102	铜车马的铸造	环环相扣的工艺
107	乐府钟	历经磨难终寻回

171	秦俑胡须与发辫	时尚新潮的须发
178	金釭金银勒	做工精细的饰品
185	加长的秦剑	锋利无比的铜剑
193	铜弩机	标准化的武器
198	铜伞的制作与修复	联手创奇迹
207	一号车御官俑	忠于职守的御者
215	二号车御官俑	谨慎认真的御者
222	铜鼎	纹饰精美的重器

目录

001 开篇词

002 秦始皇
一统天下的君主

010 秦始皇陵的布局
埋藏宏富的陵墓

019 秦始皇陵地宫
幽冥的地下王国

026 秦半两钱
统一货币的物证

033 诏版与秦权
统一度量衡的物证

040 钟鼓旌旗铃
秦军的指挥系统

045 秦兵马俑
横扫六合的勇士

053 文官俑
敦厚儒雅的形象

112 乐府与茞府
秦人的乐舞喜好

117 青铜水禽
长生的追求

125 飤官遗址
受祭歆享如生时

130 百戏俑
鲜活灵动的宫廷艺人

141 彩绘跪射俑
训练有素的士兵

146 绿面跪射俑
神秘莫测的绿脸

151 石铠甲
青石做成的防护装备

157 秦俑的制作
塑模结合的工艺

163 秦俑面型与表情
喜怒哀乐众生相

开篇词

丝路物语

秦始皇帝陵博物院

1974年,在伟大的丝绸之路起点西安附近,惊现了20世纪考古学上的重大发现——兵马俑,这个庞大的地下军阵,栩栩如生,恍如初见,向人们展示着秦帝国不可抗拒的威严和至高无上的荣耀。它们是一支历经几百年战火锤炼的军队,是敌人闻风丧胆的噩梦。它们立下赫赫战功,带领秦国在风云际会的时代中不停地厮杀生存,从无到有、从弱到强,最后问鼎天下。

秦始皇
一统天下的君主

秦始皇是中国历史上第一位皇帝，出生于公元前259年，因秦人祖先被五帝之一的舜赐姓嬴，所以他的名字叫嬴政；又因他出生在赵国的首都邯郸，所以也有史书叫他"赵政"。嬴政幼年正值战国后期，当时诸侯之间经常厮杀，战争连绵不息，人们都盼望着尽快结束战争。

公元前249年，嬴政的父亲异人继承王位，称秦庄襄王。不幸的是三年后（前246）秦庄襄王病死，年仅13岁的嬴政即位成为秦国国王。但由于他年纪太小，秦国的大权掌握在相邦吕不韦和嫪毐等人手中。

当时的秦国在吕不韦主政下，与东方六国时战时和，而在秦国内部也逐渐形成了三股势力在明争暗斗。吕不韦当了相邦后，凭借他的功业、威望和地位，逐渐形成了以他为中心的一股势力，称为相党；吕不韦原来与秦王政的母亲即皇太后私通，随着秦王政年龄增长，吕不韦想疏远太后，便找来一位名叫嫪毐的年轻健壮的男子顶替自己。太后很喜欢嫪毐，并与

秦始皇画像

嫪毐生了两个孩子。太后封嫪毐为长信侯，赐山阳地为其食邑，朝中大事由嫪毐决断，结果形成了又一股势力，这便是太后与嫪毐集团，可称为后党；秦王政是名正言顺的君王，当然有自己的一批政治力量，可称为王党。

按照秦国的礼制，国王在22岁举行"加冠礼"之后才可亲自执政，所以在公元前238年，当22岁的嬴政到故都的蕲年宫（今陕西凤翔城南）举行"加冠礼"时，嫪毐便在国都咸阳举兵反叛。其实，秦王早就察觉到他们的阴谋，有所准备。当嫪毐叛乱时，秦王立刻命令整装待发的军队进攻。最后，嫪毐被车裂而死，相邦吕不韦也被免除职务，不久便自杀了。

秦王政采取果断的手段，解决了国内潜在的夺权危机后，目光便盯上了东方六国。他任用了一大批精明强干的文臣武将，最著名的有魏缭、李斯、王翦、蒙恬等。依靠这些人，制定了一套远交近攻离间外敌和各个击破的战略方针，开始了对六国的征服战争。从公元前230年到公元前221年，秦国这个来自西北方的国家开始横扫天下，先后灭了韩、赵、燕、魏、楚、齐六个国家，在10年的时间里，吞并了所有的国家，完成了统一大业，结束了持续500多年的战乱，在中国第一次创建了一个大一统的国家——秦帝国。秦始皇统一中国既符合了历史发展的潮流和人民的愿望，也充分表现了他的雄才大略。

秦始皇建立的是我国历史上第一个统一的多民族的封建中央集权国家，定名为"秦"，首都定在咸阳（今陕西咸阳）。秦始皇认为自己的功绩比传说中的三皇五帝还要大，应该选用一个更加尊贵的称号。于是他决定从三皇五帝中各取一字，合在一起叫"皇帝"。他是中国第一个皇帝，便自称"始皇帝"，以后他的子孙当秦朝皇帝，即以此次序排列，二世、三世，一直传到千万世。从秦始皇发明"皇帝"这个词以后，中国古代就把国家的最高统治者称为皇帝。为了巩固统一，秦始皇采纳李斯的建议，把全国分为三十六个郡，郡下再分县，郡的长官由朝廷直接任命。这些官吏只对皇帝负责，国家的事，不论大小，都由皇帝决定。在全国推行郡县制的同时，秦始皇又确立了以三公九卿为主的中央政权组织机构，三公九卿都是朝廷的中央部门，加强了中央与地方的联系，促进了全国各地经济、文化的均衡发展。后来，这套政治体制被各个朝代的皇帝采用，这是秦始皇的一大历史功绩。

秦始皇统一中国前，没有统一的制度。各个国家的文字、货币、车轨以及使用的尺寸、买东西的量器都不一样，很不方便。秦始皇统一后，下令全国都采用统一的小篆文字，以及车轮间的距离、道路的宽窄、使用的货币和量器都必须统一。为了防止北方匈奴族的扰乱，秦始皇又派大将蒙恬带领30万大军抗击匈奴，并把原来燕、赵、秦三国北方的城墙连接起来，形成一道西起临洮（今甘肃岷县）、东到辽东（今辽宁辽阳西北）的万里长城。尽管当时秦始皇是出于军事目的修筑的长城，耗费了大量的物力和人力，但今天长城那绵延万里的雄姿，已成为中华民族文明的象征。

秦始皇统一中国后的秦帝国，其范围向东一直到大海、朝鲜，北到黄河以北阴山一带，并且一直扩展到南方的大片土地。"秦"的威名在那时已传播到欧亚国家。但是，秦始皇统一中国后，没有快速发展社会经济，而是征发全国大量的人力大修阿房宫，建骊山陵墓，并对人民使用非常残酷的刑罚。

秦始皇用武力征服了六国，实现了全国一统。但是，在咸阳以外的地方，尤其是原东方六国的地盘上，是不是安定？他要实地去考察一番。于是，从统一后的第二年开始，他五次沿着统一后修建的驰道，进行巡视。

公元前220年，他从咸阳出发沿着渭河西行经兴平、武功到秦的旧都雍城（今陕西凤翔南），祭祀了秦的先公先王，然后溯汧水经甘肃的天水市秦安县，到平凉市的鸡头山，然后回到咸阳。这是他功成以后的祭祖祝祷之行，是要在秦人发祥地向祖先墓、先公先王庙祝告，诉说自己完成了祖先遗愿，让先祖们的在天之灵知道这件大事。

公元前219年，秦始皇开始东巡与南巡，一共四次，分别为前219年、前218年、前215年的东巡和前210年的南巡。向东最远到了山东成山角，向南最远到了湖南、江西的北部，向北最远到了内蒙古的包头市。

他东巡、南巡主要做了三件事。第一件事是在山东的泰山举行封禅大典，所谓封禅就是祭天祭地。第二件事是在重要的地方刻石立碑，所立的碑石有《泰山刻石》《峄山刻石》《琅琊刻石》《之罘刻石》《东观刻石》《碣石刻石》《会稽刻石》。这些刻石都出于李斯之手，是中国古代文学及书法的重要遗产。刻石的内容是颂扬统一的必要和伟大功业，向民众提出努力生产、移风易俗的要求，这是在古代的舆论宣传方式。第三件事是

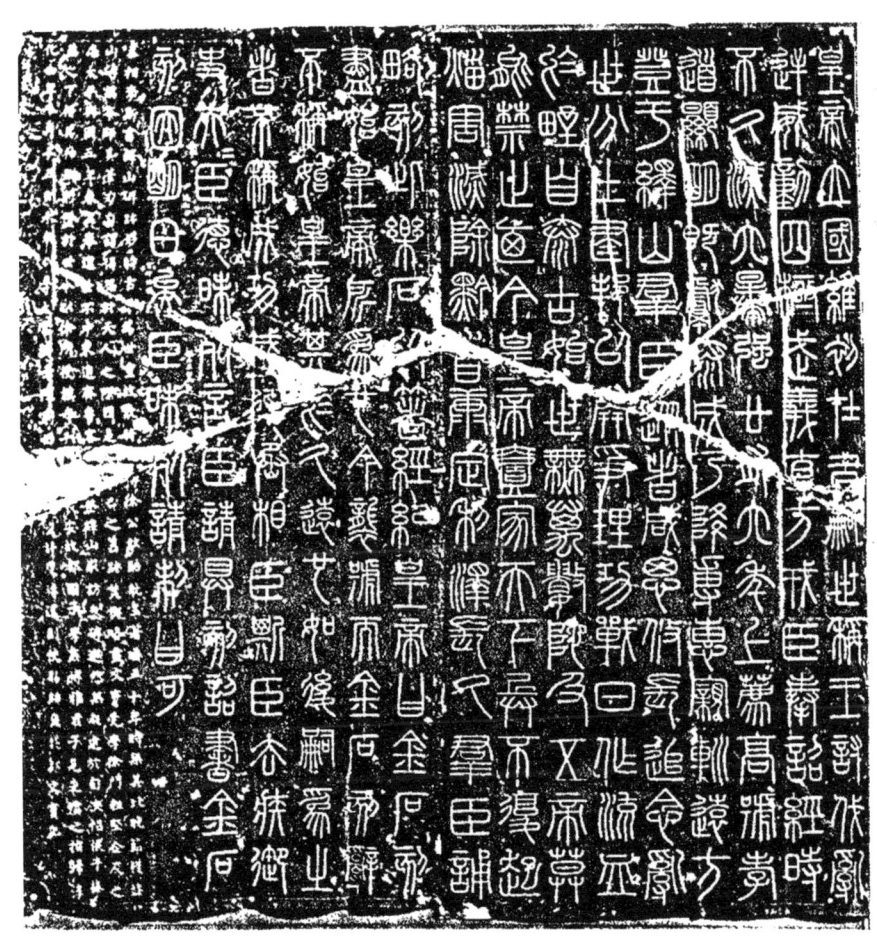

● 峄山刻石

找方士羡门高誓、石生、韩终、卢公等人探寻长生不死之药,并派徐福率童男童女去东海求仙药。

公元前210年,即秦始皇帝三十七年,始皇帝50岁。这一年他南巡江南,由咸阳出发,经陕西商洛出武关到湖北云梦、湖南岳阳,过长沙到浙江会稽后北上到山东。在琅琊见到徐福,安排去东海求长生不老的仙药,又去了山东荣成,然后开始返回。

他的车驾驶过平原津(今山东德州市)后,始皇帝得了病,到了沙丘(今河北省广宗县大平台),竟然一病不起,遂逝于沙丘。沙丘原为殷纣王离宫,战国时期赵武灵王曾在此建宫。

始皇帝在病重时曾有遗诏,要在上郡(今内蒙古自治区包头市)做蒙恬监军的长子扶苏回到咸阳参与丧事。但是,他病重不起,许多事已经不能做主了。跟随他一起出巡的赵高与李斯、胡亥紧锣密鼓地商议,准备让胡亥继皇帝位,并派人去上郡假传始皇帝诏,让扶苏自杀,并杀了大将蒙恬。胡亥等人秘密隐瞒始皇帝去世的消息。当时正值炎夏季节,为了掩饰尸臭气味,他们装了一车鲍鱼在车队中。每天又假装到始皇帝的车上去报告事情,好像一切正常。

同年九月,始皇帝的丧事在咸阳举行后,始皇帝葬入骊山陵墓。胡亥为皇帝,史称秦二世。

二世昏庸,赵高秉政,杀死了始皇帝时的功臣及二世的兄弟姐妹,连李斯也未能幸免。公元前209年,陈胜、吴广领导的戍卒起义爆发,六国贵族乘机起兵。赵高杀死胡亥，立子婴为秦王。公元前206年，楚国的贵族项羽及泗水亭长刘邦率兵入关，即位46天的子婴投降于刘邦，秦王朝灭亡。

秦王朝灭亡后，秦始皇好大喜功及对死后尊荣的追求留下了一代文化，引起后世的关注。秦兵马俑的出土，露出了秦始皇帝陵的冰山一角，震撼了世界，被誉为"世界第八奇迹"。

《峄山刻石》

《史记·秦始皇本纪》记载："始皇二十八年（前219）东行郡县，上邹峄山，与鲁诸儒生议刻石、颂秦德、议封禅，望祭山川之事。"原秦峄山篆碑，立于峄山书门。唐《封演闻见记》云：此碑后被北魏太武帝登峄山时推倒。宋代淳化四年（993）郑文宝以南唐徐铉摹本重刻于长安（今存西安碑林），称长安本，其后全国据此翻《峄山刻石》。

《峄山刻石》是秦篆（即小篆）的代表之作。字的点画均为线条，粗细一致，字体端庄严谨，有实有虚，疏密得当，从容平和且劲健有力。有人评之为"画如铁石，千钧强弩"。字的结构上紧下松，垂脚拉长，有居高临下的俨然之态，似乎读者须仰视而观。在章法上行列整齐，规矩和谐。秦刻石在总体上从容、俨然、强健有力的艺术风范与当时秦王朝的时代精神是相统一的。

秦始皇陵的布局
埋藏宏富的陵墓

战国—秦（前475—前206）

秦始皇继承战国时期的厚葬风气，并把它极大地发展和系统化，以致秦始皇陵的规模和格局，成为以后帝王陵墓的蓝本。

秦始皇陵（简称"秦陵"）的陵园范围很大，据探测有56.25平方公里。为此，专门设置了丽邑。帝王陵园置邑，也是从秦时开始的。那么，秦始皇为什么要修建高大富丽的陵园？这需要从古代的葬礼谈起。

古代的葬礼，是随生产力的发展和文化进步而逐步隆重起来的。《周易》等书记载，古时埋人，衣着极简单，埋到野外，没有陵丘，在埋人的地方也不种树，不留什么纪念物。据说黄帝时才把死者盛在陶制的棺材里埋掉，殷商时棺外要套椁，周朝时墓里还要画画，但都不起陵丘，墓是平

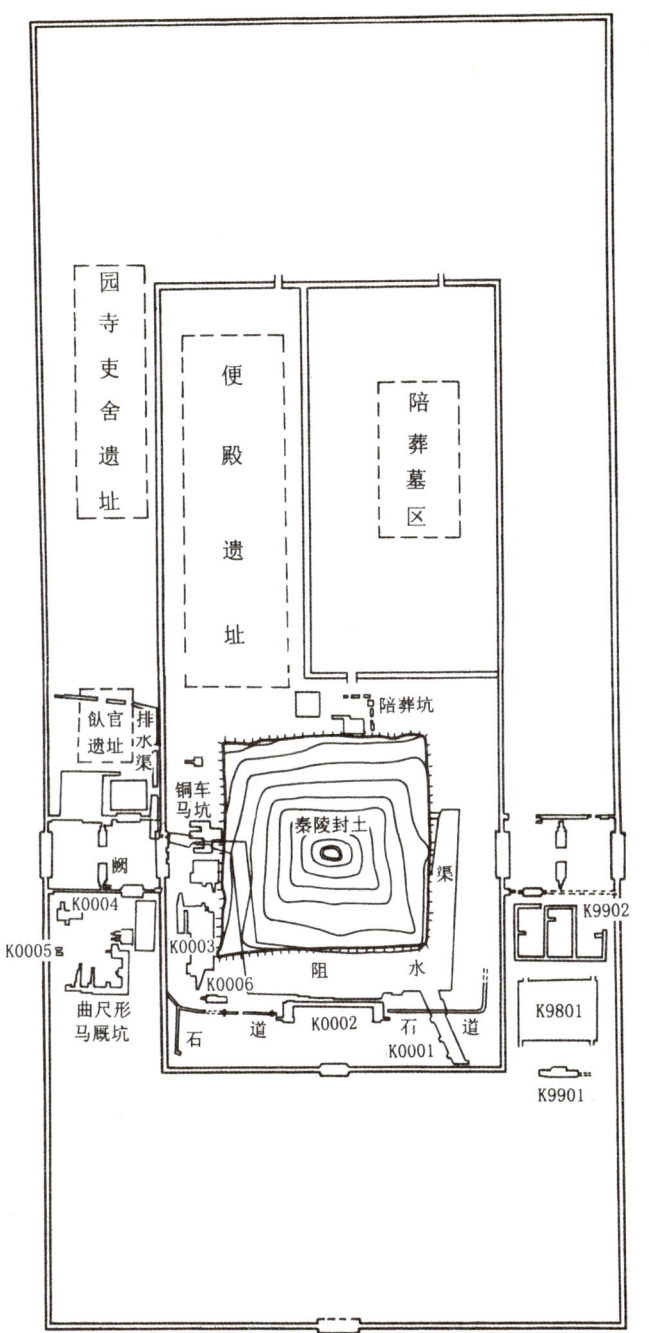

秦始皇陵内外城遗迹分布图

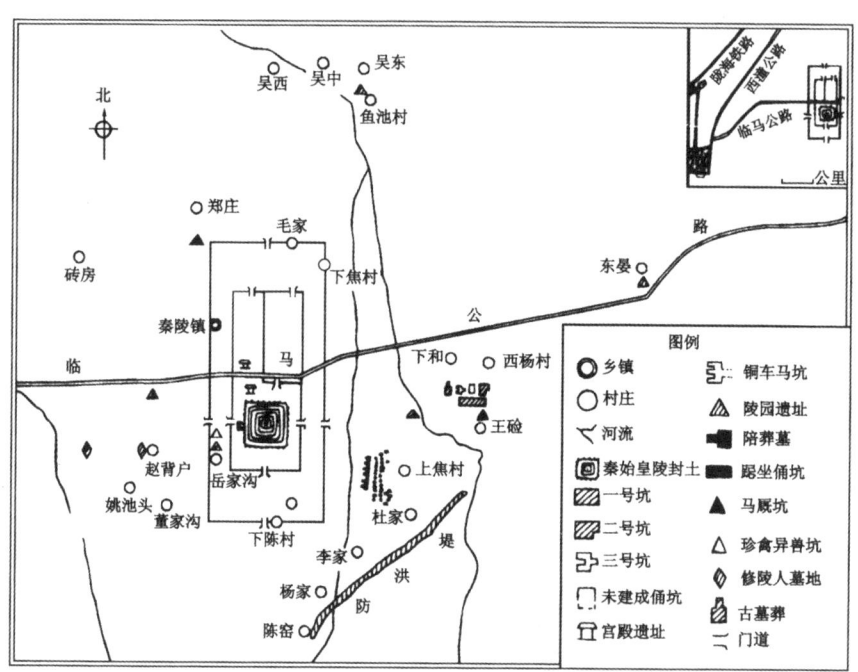

● 秦始皇陵布局图

的。到了春秋末期,孔子在他父母的墓上筑起四尺高的土丘。他说是因为自己四处奔走,怕回来时找不见父母的墓地,才这样标记。从此以后,愈到后代,封土愈大,有的大得像山一样,墓上种了许多树,像树林一样。帝王们则更讲究,把陵墓修得像都市一样宏大,用以区分等级,显示帝王的尊荣和权威,正如《左传·哀公十五年》"事死如事生,礼也"所说,侍奉死人要像对待活人一样,才符合礼制。这样,陵墓制度便纳入了政治制度的范畴,成为一项重要的政治活动。

● 修陵人墓地

秦陵建设之前,可能有个规划图或设计方案,就是李斯说的建秦陵时"凿以章程"的"章程"。这个规划图或设计方案共有两份,一份在秦咸阳宫,另一份在秦陵地宫。我们现在还没有发现。但是从历史记载和考古勘察中,我们已经了解了它的基本情况。

秦陵建筑分为地面建筑和地下建筑。这里,先看一下它的地面建筑。

秦陵的建筑确实像一座都城。在高大的封土外围,用夯土筑起内外两重城墙,呈南北向的长方形。内城墙长1 355米、宽580米、周长3 870米。

● 夔纹大瓦当

● 秦陵出土的铁钳

外城墙长2 185米、宽976米、周长6 321米。内外城的周长比明朝人都穆所说的长一些。都穆说内城一周5里，外城一周12里。内城北边有两个门，其余南、东、西及外城四边目前都只发现一个门。城墙基宽8米，高度已经不可知了。城墙的四个角上，建有角楼，每个门前都有阙楼。明朝人都穆说，他曾看到秦陵内外城城门的遗址。他由南面登秦陵时，看到有两个小土丘，听人说这是内城的南门。秦陵内外城城墙的遗迹，现在还可以从断崖上看到平整的夯土层。20世纪60年代初期，在秦陵附近的岳家沟村、下陈村，还可以看到断断续续的高2米多的城墙残迹。封土高高地耸立在内城的南半部，封土下面便是地宫。地宫墙南北长460米，东西宽392米，墙高4米，厚也是4米。宫墙用土坯砌成。近年来，考古工作者在封土的东、北、西三个方位，都发现由地宫通向地面的甬道。

封土的北边是秦陵的寝殿建筑，在墓的一边建寝殿，也是始于秦始皇，以后历代帝王也在陵旁建起了寝殿。寝殿，古书也称寝。东汉时的蔡邕在《独断》中说，古代的帝王都邑里有庙和寝的建筑。庙是安放祖先神位的地方，寝里设置有衣冠、几杖及日常生活用品。这些都是祭祀用的。秦以前不在墓上祭祀，重要节日由君王率领大臣在庙里祭祀。秦始皇在他的墓旁建起寝殿，设置衣冠及生活用品，开始了墓祭。秦陵的寝殿在封土北约150米的地方。1976—1977年，曾在这里发现四处建筑遗址。这四处建筑遗址，是东西相连的。这是一组极为高大、富丽的建筑，仅二号建筑遗址的主体部分，面积就有64平方米。墙壁经过夯打，十分坚固，并且涂有白粉，光滑平整。地面是夯筑的，既平又光。房子外的路面，是用片石铺成的。进门有石阶，室内又有甬道通向其他房子。房上的木檩直径二十多厘米。房顶上用板瓦平铺，再用筒瓦合盖在板瓦缝上，椽头有花纹美丽的瓦当。瓦当，就是筒瓦前面圆形或半圆形的盖，用以盖在椽头上，一方面保护椽头不被风雨侵蚀，另一方面使建筑物显得富丽华美。这些瓦当中，发现了一种夔纹大瓦当，直径达61厘米，是覆盖在檩头上的，叫遮朽，可见木檩相当粗。这些出土文物使我们可以想象到，这组建筑在当时一定是十分雄伟，装饰也很华贵。从这里向南，便是陵墓中象征宫廷乘舆的地方，即宫中的车马房，这里曾出土铜车马。

秦陵还设置有飤官。飤就是饲，飤官即掌管墓主人饮食的官员。《左传·宣公四年》中有"鬼犹求食"，意思是人死后做了鬼，仍然要吃饭。所以，秦汉帝王除了在宫中设有飤官以外，在陵墓上也有飤官的设置。

在秦陵以东，距秦陵约七八里的地方，即现在临潼县大王镇的东南，有残存的秦阙。现在仅存一个，残阙高2米多。所谓阙，就是古代在宫、庙或墓门外所建的两个高大的柱子。因为阙上建楼，所以也叫阙楼。这里的阙，是秦陵的东门阙。进了阙门，便进入了秦陵的神道。由此看，秦陵的墓道正门是向东的。

以上所述的封土、内外城垣、寝殿、飤官官署以及东门阙，都是秦陵地面建筑中属于秦陵布局的一部分。还有一些建筑，虽然不是秦陵布局中的一部分，但它们是修筑秦陵时因工程需要而建起来的地上建筑，至今仍

秦代窑址

秦陵防洪堤

017

然留有秦代遗物，它们也是秦始皇陵区域中秦代文化的重要组成部分。

在秦陵外城的东南方向，有一条长1 600多米的防水堤，这便是"五岭遗址"。秦陵石料加工场，在秦陵外城西北角外，即现在临潼区郑家庄以南，总面积约75万平方米，相当于现在的1 100多亩。这里有房屋建筑的遗迹，以及建房材料，如瓦当、筒瓦等；有生产工具，如铁锤、铁铲、铁铳、铁镰；还有生活用具，如陶盆、陶罐、陶钵、石臼、石磨等。使人注意的是，还有铜矛、铁钳（戴在脖子上的刑具）、铁桎（脚镣），其中一个铁桎上甚至还有一把铁锁。在此出土的器械告诉我们，当年修陵的工人是在严密的武装监视之下，进行着艰巨繁重的劳动。这又一次说明，豪华的秦陵陵园，是当时人民的血汗凝成的。

除了这些以外，在秦陵周围还发现有不少秦代窑址，是当年烧砖瓦的地方。

秦陵陵园石刻

秦陵陵园的地面上，现在看不到像汉、唐等帝王陵墓上那种大型石刻。当时有没有呢？应该是有的。唐代文人封演在他的著作中说："秦汉以后，帝王陵前有石麒麟、石辟邪、石象、石马。"由于年代久远，秦汉墓上的石刻现在已经很少看到了。但是，晋代的葛洪却看到过。他说，在汉朝的五柞宫西边有个青梧观，观前有三棵梧桐树，树下有两尊石麒麟，高一丈三尺。它的胸部刻有一行字，说这是秦始皇陵的东西。这说明在汉朝时，这些石刻便已被搬动。这些石刻本该放在外城城垣的四个门外，或东部的神道上。

秦始皇陵地宫
幽冥的地下王国

战国—秦（前475—前206）

唐代诗人王维有《过秦皇墓》一诗："古墓成苍岭，幽宫象紫台。星辰七曜隔，河汉九泉开。有海人宁渡，无春雁不回。更闻松韵切，疑是大夫哀。"

秦始皇陵的建造，有许多问题需要深入研究，例如秦始皇陵的墓穴结构是什么样的？地宫内埋藏了多少奇器珍宝？地宫内有没有防盗机关？秦始皇陵地宫究竟有多深？秦始皇是金棺银椁还是铜棺石椁？始皇帝的尸骨是否完好无损？这些问题一直引发人们的关注。

秦始皇陵外景

关于设计蓝图之事,应该是有的,而绝非任意修造,这是中国古代帝王建陵史上的一个规律。据《吕氏春秋》《汉旧仪》等书记载,秦始皇陵的建造是仿照都城的形制设计的。在秦陵周围发现的600多个陪葬坑、陪葬墓就是按照秦始皇生前的要求建造的,既有表现军队的兵马俑,表现其车驾巡行的铜车马、车马坑,表现其狩猎的珍禽异兽坑,展示宫廷娱乐的百戏,也有供应膳食的机构,供祭祀的寝殿、便殿,用来养马的马厩坑,等等。

秦始皇陵的修建工程经历了两个阶段:第一阶段是从秦王政元年(前246)到始皇二十六年(前221)统一全国;第二阶段从统一至秦二世二年(前209)。秦始皇在东巡中猝死,陵园工程并未竣工,二世即位后继续营建陵墓。因此,修陵工程前后长达38年。

据史书记载,秦始皇陵挖至泉水之下,然后用铜汁浇铸加固。地宫中修建了宫殿楼阁和百官的位次,布满了奇珍异宝。为了防盗,墓室内设有一触即发的暗箭。墓室穹顶装饰有宝石明珠,象征着天体星辰；下面是百川、五岳和九州的地理形势，用机械灌输了水银，象征江河大海川流不息，上面浮着金制的野鸡；墓室内点着用人鱼膏制成的"长明灯"。秦陵地下建筑和埋藏的情况，司马迁在《史记·秦始皇本纪》中有这样一段描述："始皇初即位，穿治郦山。及并天下，天下徒送诣七十余万人，穿三泉，下铜而致椁。宫观百官，奇器珍怪，徙臧满之。令匠作机弩矢，有所穿近者辄射之。以水银为百川江河大海，机相灌输。上具天文，下具地理。以人鱼膏为烛，度不灭者久之。"司马迁一句"徙臧满之"，包罗了说不尽和内容。

从这段记载中可知，秦陵地宫是一个神奇的世界：在深极三泉石塞铜锢的冥冥地宫中，充满了奇器珍宝财货，上有日月星辰天文形象，下有水银灌注，并且在机械驱动之下川流不息的江河湖海，周围有制作奇巧、专供始皇在冥国巡游休憩的各种宫观建筑。在地宫入口处设置了一种能自动发射的弩机以防盗掘，真是应有尽有，奢华至极。

秦始皇陵究竟有多深？史书记载不一。《史记·秦始皇本纪》说"穿三泉"；《汉书·楚元王传》说"下锢三泉"；《汉书·贾山传》说"下彻三泉"；《汉旧仪》说是"已深已极""深极不可入"。"三泉"的含义应该是指多层地下水。秦陵周围的水文地质资料表明，第一层地下水距地表16米，而第二层、第三层地下水距地表有多深，无从知晓，况且两千年前此地的地下水情况肯定与现在的情况不一样。所以"三泉"只是个形容词，不会是确切数字。如果秦陵地宫到达泉水层，那么由于地下水的渗透和侵蚀作用，地宫内的宝藏就会遭受破坏。秦始皇和秦陵设计者自然会考虑到这个因素。考古人员对秦陵的钻探已达到地下26米，依然是夯土层，未进入地宫，说明地宫是非常深的。

文物考古、地质学界专家学者对秦陵地宫深度也做过研究探索。根据考古钻探资料可知，秦陵地宫实际深度应与芷阳一号秦公陵园墓室深度接近，地宫坑口至底部实际深度约为26米，至秦代地表最深约为37米。事实是否如此，尚需考古勘探进一步验证。

秦陵地宫极其深邃而坚固，它不但砌筑上"纹石"，堵绝了地下的泉流，而且还涂有"丹漆"，起到了防潮的作用。墓中建有宫殿及百官位次，放满珠玉珍宝，燃烧着用人鱼膏（据说是一种四脚鱼，似人形，生活在东海中）做的蜡烛，永久不灭。灌注水银，如同江河大海围绕，机械转动，川流不息。上面象形日月天体，下面象形山川地理。地宫内埋藏有许多珍奇动物及物品，其中有三十箔金蚕，金银做的凫雁。为了防止有人盗墓，令工匠在门口制作了机关暗箭，一旦有盗墓者接近，便会射出箭来。关于墓中的埋藏，还流传着金雁飞出墓室，向南飞去。到三国吴国宝鼎元年（266），张善在日南（今越南广治省广治河与甘露河合流的地方）做太守时，有人把得到的金雁给他。张善根据金雁身上刻的字，推断出是秦始皇陵内的陪葬品。这虽然是个传说，但说明秦陵内的文物曾经流失于外，并且远达云南以南。至于说金雁制作精巧，不但好看，而且还能飞，这也是有可能的。因为在春秋时，著名工匠鲁班已经能造出木雁，能在天空中飞翔，直飞到宋国的城上。几百年后，秦国的工匠能造出会飞的金雁，这是可信的。据民间传说，秦始皇还在陵区设了地市。所谓地市，就是让活着的人同死人做生意。可以想见，秦陵如同一个地下都城，不但有政府机构，还有经济贸易等部门。

这样看来，秦陵地宫简直就是一个被搬入地下的人间世界缩影。在这座有着象征天地的地下"王国"里，秦始皇的灵魂照样可以"仰观天文，俯察地理"，统治着这里的一切。

早在1981年和1982年，中国地质科学院物化研究所的常勇、李同在谢学锦、郑康乐等专家的指导下，与考古队员配合，用现代的科学手段，对秦始皇陵地宫进行了含汞量的测试。他们将地球化学中勘查汞量的测量技术，应用于秦始皇陵的考古研究中，经过反复测试，发现秦陵封土土壤中果然出现"汞异常"，由此得知《史记·秦始皇本纪》中关于秦始皇陵中埋藏大量汞的记载是可靠的。测试结果表明：秦陵封土下土壤中的汞含量的平均值为35 ppb，而封土中心位置土壤中的汞含量为70—140 ppb，最高的地方达到280 ppb，为秦陵其他地方土壤中汞含量平均值的八倍。这说明，秦陵地宫中以水银象征江河的记载，是可信的。

秦始皇陵地下墓穴结构如何？多数人认为是斗室墓形制。这可从已发掘的陕西凤翔秦公一号大墓、湖南长沙马王堆汉墓等推测。这些墓葬的形制和秦始皇陵一样，规模比较大，均为呈阶梯状的斗室墓穴。也有人认为是洞室墓，因为在秦陵东侧的上焦村已发现了6座洞室墓，而且洞室墓比竖穴墓结构更合理。另据《汉旧仪》记载修秦陵时"旁行三百丈乃止",表明秦陵墓穴应为洞穴室,才能"旁行"。

秦帝国短暂的辉煌已经深深地烙印在历史长卷中,它耀眼而迅捷的光芒使人们来不及感受它的丰富与厚重。在古代的帝国时代,还没有哪一个王朝的历史像秦帝国这样急需考古发现来阐释。因此,秦始皇陵的每一次发现都令人震惊,秦始皇陵的每一次发现都会引起轰动。

暗弩

《史记·秦始皇本纪》记载:秦陵地宫"令匠作机弩矢,有所穿进者辄射之"指的是这里安装着一套自动发射的暗弩。如果记载属实,那么这就是中国古代最早的自动防盗器。秦代曾生产过连发三箭的弓弩,安放在地宫里的暗弩应当是一套自动发射的弓弩。当外界物体碰到弓便会自动发射。由此可见,秦始皇在陵墓防盗方面也是费了很多心机,而在2200多年前如何能生产如此高超的自动发射器也是一大谜。

秦半两钱
统一货币的物证

战国—秦（前475—前206）

面径2.7—3.3厘米

半两钱为秦货币，呈圆形，中有方孔，无廓，钱面铸篆书阳文"半两"二字。钱范为两个完整的半两钱范形。

半两钱始铸于战国晚期的秦惠文王二年（前336），后世继续流行。从考古资料看，工艺原始，钱币上的文字古朴苍茫，形状、大小不一。到战国中晚期的半两钱比较大，也比较重，重5.4—7.4克（合秦制8—11铢）。

秦始皇统一后，为了加强中央集权，巩固统一，制订了一系列措施。在政治上，建立了一套君主政治制度。他自称始皇帝，后代称二世、三世，以至无穷。在中央设立三公九卿，地方实行郡县制，当时分全国为36郡，以后随着统治区域的扩大，增加为48郡。在经济上，秦始皇实行了统一

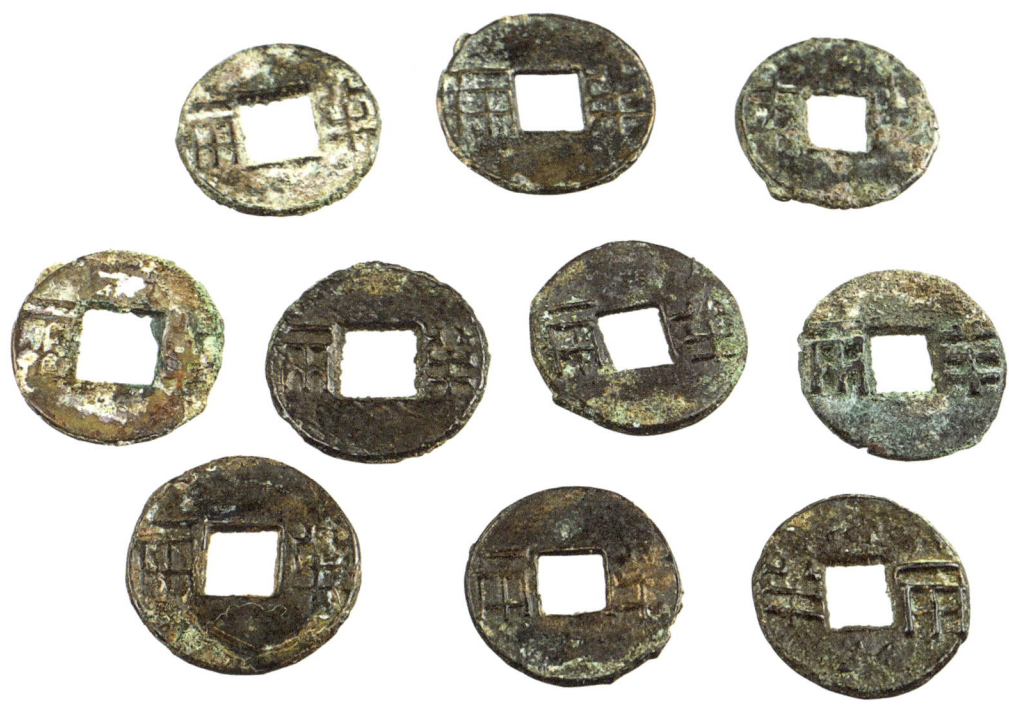

● 秦半两钱

度（长度）、量（容器）、衡（重量）的制度，统一货币。在文化上，他统一文字，以秦小篆为通行文字。

统一中国后，废除战国时期流通的刀、布、郢爰和贝币等大小、形制、重量和货值不一的庞杂混乱的六国货币，把秦统一货币的政策和圆形方孔的半两钱在全国范围内推行。

秦统一后的货币分为二等，以黄金为上币，以镒为单位，即重24两；以圆形方孔的青铜钱为下币，以半两为单位，即重12铢（我国古代规定1两为24铢，半两约为今之7.8克）。半两为重量单位，因钱币上有文"半两"二字，故称此类钱为半两钱。

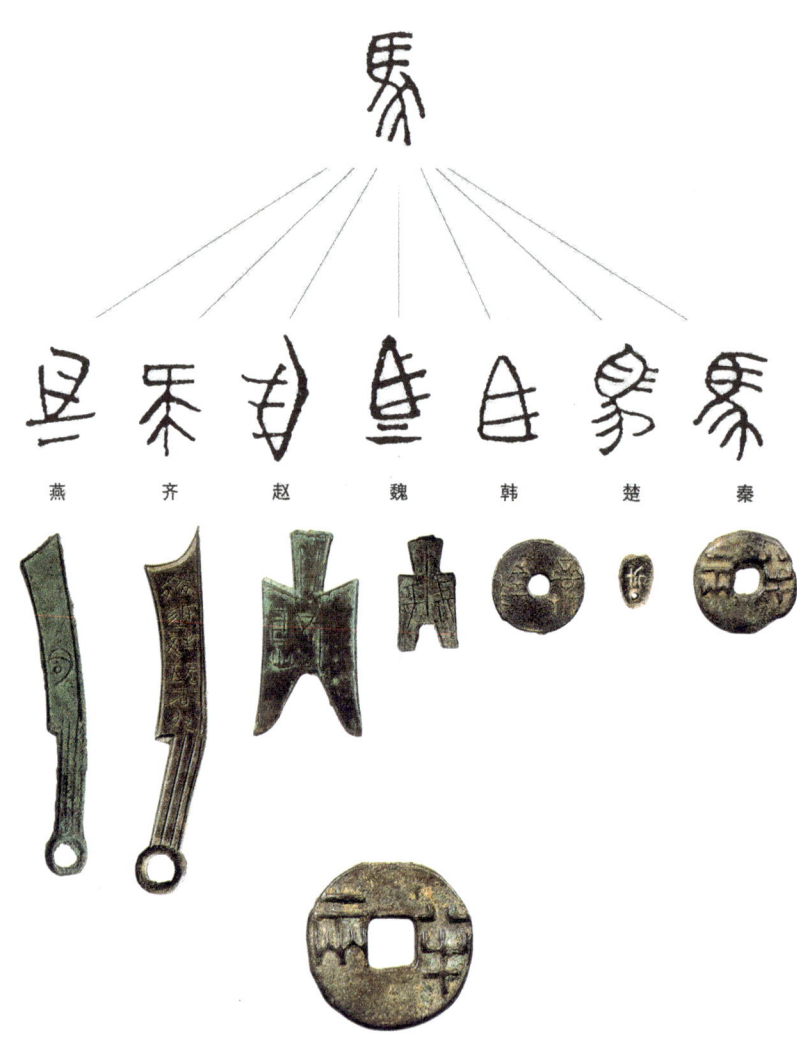

● 秦统一货币图

根据考古发现可知，秦朝半两钱与战国半两钱形状一样，但重量不一。战国半两钱一般重 6 铢以上，以重 8 铢左右的居多。秦朝半两钱的重量有所减轻，平均重 4—5 铢左右。为了保证货币的铸造、收藏和流通，秦始皇规定货币由国家统一铸造，严禁私铸，私铸者将受到法律制裁，从而将货币铸造权牢牢掌握在国家手中。官府收入的货币，均以一千钱为一畚（一种用竹或蒲草编制而成的容器）；畚外边必须用主管丞、令的印章封缄。不满一千钱的，也必须同样封印。不管钱质好坏，都必须装在一起，动用时必须先将印封呈献给丞、令检查是否封缄完好，然后才能启封使用。老百姓在交易使用中，不管钱质量好坏，都要一体流通，不能挑选。商贩出售商品，或者替政府出售货物，所收的钱必须投入扑满中，违者将受到惩罚。这些措施结束了战国时期货币不统一的混乱状态，便利了各地商品的交换和交流，有利于经济发展。

秦王朝建立后，中央统一铸币，铸造工艺改进，半两钱钱文规范，钱体规整，制作精良。秦朝后期社会动荡，半两钱出现变小变轻的现象。汉承秦制，西汉早期也铸造过半两钱，但整体风格与秦时不同，没有了秦半两钱的霸气，钱体较薄，钱文笔画较平浅。

秦半两钱的出土集中在陕西、四川等地。陕西是秦之旧地，四川在战国前期属巴蜀，公元前 316 年归属秦。秦都雍城、咸阳以及在秦始皇陵周围的遗址中，都有半两钱出土。其他地方偶然发现秦半两钱者也是与秦有着密切的关系。

1991年4月，在秦始皇陵东侧2.5公里的代王镇孟家村遗址中发现两块铜质半两钱范。系当地农民取土时发现，现藏于临潼区博物馆。一块铜范呈长方形，四角收杀成圆弧形。范内有并列的钱腔两行，每行7枚。腔径2.8厘米，正方形穿，每边长0.8厘米。每枚钱腔内有阴刻的篆文"半两"二字。范的上端有一浇口，下连接一直行道槽，道槽的两侧各有六条支道分别与每一枚钱腔相通。范背附有三个纽，其中两纽为三棱形，高1.5厘米。范通长21厘米，宽8.8厘米，边沿厚0.5厘米。钱腔文字清楚；另一块铜范形状与前一范基本相同。范内有并列的两行钱腔，每行7枚。钱腔径2.6厘米，方形穿，每边长0.7厘米，半两二字的字迹多数已不清晰。范背有四个圆柱形纽，纽高1.2厘米。

秦始皇陵地区历年发现半两钱有一千余枚，主要集中在秦兵马俑坑、上焦村陪葬墓、郑庄石料加工场、陵西内外城垣之间的一号建筑遗址、陵园内城北半部的建筑遗址、鱼池遗址、陵西赵背户村修陵人墓地。

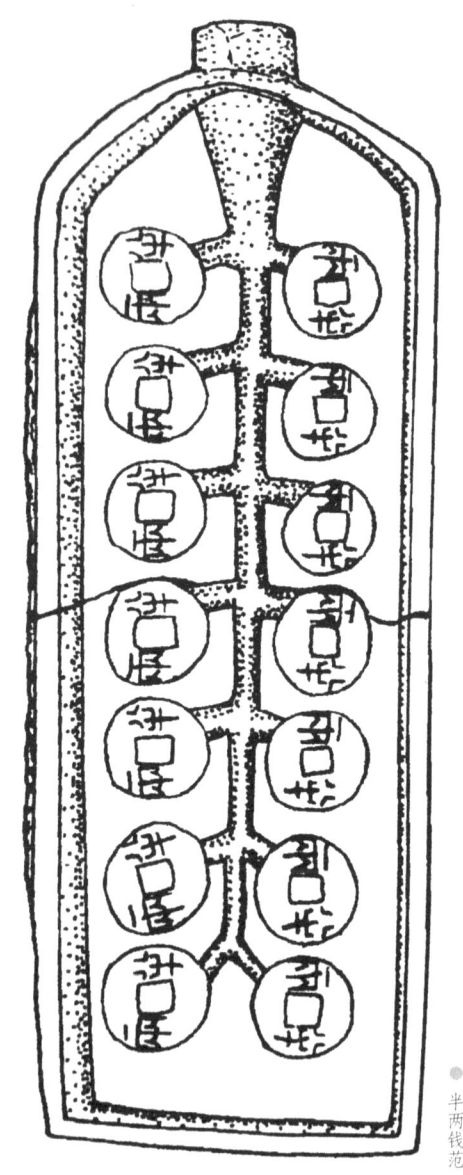

半两钱范

在秦俑二号坑 T2 试掘方砖铺地面上出土半两钱一枚,面径 2.72 厘米,穿径 0.9 厘米,重 4.1 克(合秦制 6 铢)。在二号坑第二单元南部的棚木与青膏泥之间出土铜半两钱一枚,直径 2.1 厘米,这些货币应该是修造俑坑的工人留在坑内的。

秦俑二号坑 T2 试掘方出土的半两钱,属于秦王朝时期铸造,形制规整,"半两"二字为小篆体,字画凸起,但已不如战国时的半两钱字迹显得高挺,字体渐方,其面径、重量等,是秦王朝时期比较标准的半两钱。

在秦始皇陵鱼池一带,地上有大片的秦代夯土地面,残留有秦代房屋倒塌遗留下来的建筑材料瓦片。在吴东村,发现 538 枚秦代的半两钱,系同一土窖中出土。考古人员从中选出 50 枚作标本实测,多数面径在 2.7

● 秦半两钱

厘米左右，重量在 2.2—2.95 克之间。赵背户村出土的半两钱 45 枚，面径在 2.23—2.48 厘米之间，重量在 2—2.95 克之间。

1962 年在长安县出土近千枚半两钱，钱装在"杜市"印的釜里，其中有两甾钱 1 枚，7 贝益化钱 2 枚外，其余均为半两钱。这与《睡虎地秦简·金布律》中的"官府受钱者，千钱一畚"相符。

秦半两和以前的铸币一样是用泥范铸的，一范只铸造一镒，所以铸出的钱，枚枚不同，轻重也相差较大。秦半两钱文字高挺，笔画狭长而具有弧形，篆法古拙，浑厚，豪放，俊逸。秦朝半两钱的发行是我国货币史上的一项重大革命，具有里程碑式意义。方孔圆钱在加工和使用上都十分方便，利于流通，利于商业发展。此后长达两千多年的历代皇朝全部继承了外圆内方的中国式古钱，直至机制币的出现才宣告手工翻砂钱币结束。

圜钱

体圆孔方的"半两"钱是秦圜钱的典型形式。战国秦半两钱大且重，一般直径在3厘米以上，重量约在5.4—7.4克左右，有些重10克以上。半两钱的形制、重量都比较适中，使用方便，比其他钱币更适宜流通的需要，因而铸行不久便获得迅速发展。齐、赵、燕在战国晚期也都开始使用圜钱。在此基础上，秦始皇最终以秦"半两"圜钱统一了各国货币。秦半两采用方孔圆钱形式后，中国的货币形态就固定下来了。方孔代表地方，外圆代表天圆。因此方孔圆钱即象征着古代天圆地方的宇宙观。

诏版与秦权
统一度量衡的物证

战国—秦（前475—前206）

诏版长10.8厘米、宽6.8厘米，权通高7.3厘米
诏版1976年出土于甘肃省镇原县，权1975年出土于秦始皇陵建筑遗址
诏版现藏于镇原县博物馆，权现藏于秦始皇帝陵博物院

"秦二十六年铜诏版"也称"秦量诏版"。青铜制，长方形，四角有孔，可供钉于木上，有的镶嵌在铜铁权上。此诏版为传世诏版中最有名者，诏版书法为小篆，上刻秦始皇二十六年统一度量衡诏书，有的刻秦二世元年同类诏书，或二诏合刻。

公元前221年，秦始皇统一中国。虽然秦王朝在历史上仅存在了15年，但这个短暂的王朝对此后中国数千年的帝制社会却有极其深刻的影响。所谓"二千年来之政，秦政也"，"自秦以后，朝野上下，所行者皆秦之制也"。

秦二十六年铜诏版

秦始皇统一度量衡之前，命令丞相李斯，中车府令赵高，太史令胡毋敬等对文字进行整理，"罢其不与秦文合者"，以秦书为主体，变大篆为小篆，淘汰了通行于其他地区的异体字，同时规定了字的行文要由右往左写，把小篆作为标准文字，通用于公文法令。据《书法史话》上记载：李斯为河南上蔡人，秦代丞相，以小篆为标准整理文字，书艺精到，是秦代篆书的第一大家及秦王朝统一文字政策的主要策划人和推行者，秦代的刻石以及各种权量，诏版上的文字均属李斯所写。

秦诏版无论是在史学还是书法上都具有非常重要的价值。秦始皇统一中国，李斯为丞相，进行了统一全国文字的工作，变大篆为小篆，结束了"文字异形"的状况。相传，李斯手书了秦代金石刻文，金刻有权量诏版，石刻有峄山、泰山、琅琊山、之罘、碣石、会稽六处刻石。诏版为自由体，主要是为了实用，写法草率，笔画方正，行款错落，该诏版文笔划方折是因为刀刻所致。文字仍属篆书范畴。

秦始皇二十六年诏文："廿六年，皇帝尽并兼天下诸侯，黔首大安，立号为皇帝。乃诏丞相状绾，法度量则不壹歉疑者，皆明壹之。"

诏书中的'二十六年'是秦始皇统一中国之年，也是颁布统一度量衡诏令之年。始皇将古史传说中最尊贵的"三皇""五帝"称号合二为一，号称"皇帝"，以显示他至高无上的权势；"状""绾"即丞相隗状、王绾；"法度量"是指按法律规范度量衡制度。战国时代七雄并立并且都有自己的度量衡体系，这对成立之初的秦帝国的发展非常不利。于是，秦始皇发布统一度量衡诏书，将秦国的度量衡制度推向全国。

1976年4月1日，镇原县城关镇富坪村一村民建宅取土时发现了一块刻有文字的铜板，随后作为文物上交国家。这件文物就是秦二十六年铜诏版，现藏于镇原县博物馆，1996年9月被国家文物局鉴定专家组定为国家一级文物。

这枚诏版上的诏文正是秦统一文字的见证，也是统一度量衡的通用公文法令。从诏文上的四十字可以看出，这些字体笔画多为匀圆的线条，结构比较整齐，字体笔画引申拉长，圆润曲折，是研究秦小篆的现存实物之一。这件稀世珍宝的出土，为研究秦时的政治、经济、文化及秦统一文字和度量衡提供了翔实物证，同时也对研究秦时的书法艺术提供了极其珍贵的艺术和史料价值。

先后于1975、1978和1980年在秦始皇陵内外城之间的建筑遗址内，出土铜权三枚。

1975年出土的铜权，形状像钟，顶端有桥形纽，权身有十七个棱面，刻有秦始皇二十六年和秦二世元年统一度量衡的两个诏文。权通高7.3厘米，其中纽高1厘米，壁厚0.4—0.5厘米。权上诏文为：

廿六年，皇帝尽并兼天下诸侯，黔首大安，立号为皇帝。乃诏丞相状、绾，法度量则不壹歉疑者，皆明壹之。（始皇诏）

元年制诏丞相斯、去疾，法度量尽始皇帝为之，皆有刻辞焉。今袭号。而刻辞不称始皇帝，其于久远殹（也），如后嗣为之者，不称成功盛德。

量诏

秦权

刻此诏故刻左,使毋疑。(二世元年诏)

该权因经火焚,内腔锈蚀严重,初测重量为325克。

1978年2月17日,岳家沟农民在陵西侧内外城垣间的一号建筑遗址内,发现一枚铜权,器完整,无锈蚀。权体为钟形,中空,环形纽,环体铸成十七个棱面。通高7厘米,其中纽高10厘米,纽横宽1.5厘米,纽环内径0.6厘米,权体肩部径4厘米,底部径5.5厘米,壁厚0.4厘米,重254.6克。权的肩部刻一"左"字;环体刻始皇二十六年诏和二世元年统一度量衡的诏文,诏文内容同上。

1980年10月，在秦陵西内外城垣间的一号建筑遗址内，发现一枚铜权，已压扁变形。权体中空，高体方肩，外形似钟，上有小纽，表面有十七个棱面，通高7厘米，纽高1厘米，壁厚0.3厘米，上径3.6厘米，底部略大，重256克。权体棱间一面铸阳文，文字残缺较多，但"元年""皇帝为之"等字句仍能辨认，当为二世元年诏。另一面刻阴文，"廿六年皇帝尽并兼"等字清晰，为始皇二十六年诏。肩部刻一"右"为编号。

近年来，秦权已出土多枚，有铜质、有石质，各权的量值多有差异，重量从248克到20 430克不等。《中国古代度量衡图集》中均有记载，可知斤权的量值每斤在248—252克之间，五斤权的量值每斤在249—252克之间，八斤权的量值在每斤在250—270.6克之间，十六斤权的量值在每斤在249.7—261克之间。石权的量值在每斤在234.6—268克之间。

秦始皇陵园出土的三枚铜权中两枚完整的分别重254.6克和256克，器形完整，没有锈蚀，应视为标准器。

始皇廿六年诏书

陈伟先生在《〈始皇廿六年诏书〉平议》一文中指出：《始皇廿六年诏书》是秦始皇统一中国之后颁布的重要文件。诏书文本屡见于出土的秦代器物。在现存文献中，最早的记录当推《颜氏家训·书证》，记载的是隋文帝开皇二年长安所出土的秦铁权。后陆续发现，见于著录的已有数十件。以上海博物馆藏《始皇诏铜方升》为例，其刻辞云："廿六年，皇帝尽并兼天下诸侯，黔首大安，立号为皇帝，乃诏丞相状、绾，法度量则不壹、歉疑者，皆明壹之。"

钟鼓旌旗铃
秦军的指挥系统

战国—秦(前475—前206)

鼓外径70厘米,甬钟高27厘米
出土于秦始皇陵兵马俑一号坑

中国古代军队的行军、作战,是用金、鼓、令旗指挥的。《孙子兵法·军争篇》说:"言不相闻故为金鼓,视不相见故为旌旗。夫金鼓旌旗者,所以一人之耳目也。人既专一,则勇者不得独进,怯者不得独退,此用众之法也。故夜战多火鼓(鸣鼓、燃火),昼战多旌旗,所以变人之耳目也。"《孙子集注》张预曰:"夫用兵既众,占地必广,首尾相辽,耳目不接,故设金鼓之声使之相闻,立旌旗之形使之相见。视听均齐,则虽百万之众进退如一矣。故曰斗众如斗寡,形名是也。"梅尧臣曰:"一人之耳目者,

甬钟

谓使人之视听齐一而不乱也。鼓之则进，金之则止，麾右则右，麾左则左，不可以勇怯而独先也。"这说明军队的进退、疾徐、疏数的变化，全部靠金鼓令旗的指挥。

在兵马俑一号坑的指挥车上，已发现鼓的遗迹七处，其中第一次发掘出土两处，第二次发掘出土三处，第三次发掘出土两处。鼓均为扁圆形，外径70厘米，鼓面径53—55厘米，高9—12厘米。鼓壁作圆弧形，周长215.5厘米，壁为木质，已朽。壁外侧髹漆并绘有彩色花纹，置有三个等距离的带柄铜环，有的环内系有皮条状的条带，以便于悬挂。鼓面为皮质并绘彩，已腐朽。鼓壁周边有密集的细小钉孔，原来用竹钉把鼓面的皮革固着于鼓腔上。在一鼓迹的附近发现木质鼓槌一件，前端呈椭圆球形，通长68厘米，其中柄长60厘米。通体髹漆。鼓槌，古名曰枹。《说文·木部》："枹，击鼓杖也。"《左传·成公二年》记载：张候"右援枹而鼓"。

兵马俑一号坑战车的附近还出土铜甬钟三件，形制和纹饰相同。T10方五过洞战车上的铜甬钟，甬长10厘米，钲高10.5厘米，鼓间10厘米，舞部长10厘米，宽8厘米。钲间饰蟠螭纹，内壁光素。甬中部有弦纹一道。旋做半环形用以悬挂。

一号俑坑内的鼓和甬钟出土时已脱离原位，本应位于车舆的右前侧。鼓、钟原来是如何悬挂的？悬挂于何处？目前已无法确知。古代作战时由军吏掌握金、鼓，而军吏在指挥车上所处的位置有居中、居左两种不同的情况。这样看来金、鼓的悬挂位置必然要在车的中部偏前或左部偏前处才便于军吏掌控。俑坑的车上不见鼓架，只能将鼓悬挂于轼与前軨之间，钟悬于轼上，才便于敲击。这仅仅是推测，是否如此尚待俑坑新的考古资料予以验证。

2000多年前的秦军战士，就是听着金鼓的声音在战场厮杀格斗。鸣金是收兵，而击鼓则是前进。各级军官按照旌旗的指示改变击鼓的节奏，士兵们根据节奏行动，在指挥官的统一指挥下，成千上万的士兵作为一个整体进退攻守，互相配合。

古代军队作战时，有一种建鼓（又名晋鼓、植鼓）以指挥进退。《左传·哀公十三年》"赵鞅呼司马寅曰：日旰矣，大事未成，二臣之罪也。建鼓整列，二臣死之，长幼可知也。"孔颖达疏：建鼓，"建，立也。立鼓击之与战也。……郑玄云：建犹树也。以木贯而载之树之跗也。"建鼓的画像在战国曾侯乙墓曾有出土，百花潭战国铜壶、山彪镇战国铜鉴以及汉代的画像石、画像砖等图像中已发现多例。其鼓横插于一直立的木杆偏上部，杆的下端有跗，以便置于地上，亦可置于战车上；人立起横向敲击。秦兵马俑坑出土的鼓与建鼓不同，其形扁圆，平置悬挂敲击。曾侯乙墓曾出土一带三个铜环的扁鼓，亦为悬鼓，但不是置于战车上。因此秦俑坑战车上扁圆鼓的发现，为研究古代战车上指挥系统"鼓"的形制提供了新的资料。

金、鼓和旌旗是军队的耳目。秦兵马俑坑内仅发现有鼓和钟，尚未见到旌旗的遗迹。《管子·兵法》篇，把金、鼓、旗称为三官："一曰鼓，鼓所以任也，所以起也，所以进也。二曰金，金所以坐也，所以退也，所以免也。三曰旗，旗所以立兵也，所以利兵也，所以偃兵也。此所谓三官。"《尉缭子·勒卒令》说："金鼓铃旗四者各有法。鼓之则进，重鼓则击；金之则止，重金则退；铃，传令也；旗麾之左则左，麾之右则右。"秦兵马俑坑是秦国真实军队的缩影，金、鼓、旌旗等指挥系统应该齐备，随着俑坑发掘面积的逐步扩大，今后还会有新的发现。

秦铜甬钟

有学者将甬钟定名为铎是不准确的，应该是钟。《说文·金部》记载："铎，大铃也……军法，五人为伍，五伍为两，两司马执铎。"徐灏注笺："唯铃、铎有舌为异耳。"《周礼·地官·鼓人》："以金铎通鼓。"郑玄注："铎，大铃也，振之以通鼓。"可见铎有舌，为大铃，执以摇之作响声。秦兵马俑坑出土的铜器无舌，甬上有半环形旋用以悬挂，不是手执摇振发声，而是敲击作响，故以此器定名为甬钟。

秦兵马俑
横扫六合的勇士

战国—秦（前475—前206）

陶俑平均身高175厘米，陶马高150厘米、身长200厘米左右
1974年出土于秦始皇陵东侧

1974年3月，在西安市东35公里处的秦始皇帝陵东侧发现大规模兵马俑群，为模拟真人塑造的陶质军阵群塑，全部发掘后可出土陶俑7 000余件。这些陶俑形象逼真，塑造精美，气势磅礴，它们是中国古代陶塑艺术的代表作品。经勘探，共发现四个兵马俑陪葬坑，依次编号为一、二、三、四号坑。

秦兵马俑一号坑是一个东西长230,米南北宽62米，总面积14 260平方米的长方形俑坑。数千件与真人、真马大小相同的兵马俑，井然有序

地站在俑坑中，排列出战车和步兵联合组成的长方形军阵。俑坑的东端为一长廊，三排战袍武士俑面东站立，每排68个，共计204个，系前锋部队。长廊之后，坑的南面有一排面向南的武士俑，是军阵的右翼。坑的北面有一排面向北的武士俑，是军阵的左翼。中间是38路面战车，为主体部队。坑的西端有一排面向西的武士俑，是军阵的后卫。经试掘后推算，一号坑约有陶质兵马俑6000余尊，战车50余乘，车马200余匹。截至2017年底，已发掘出土陶俑、陶马1300余件。

秦兵马俑二号坑位于一号坑东北20米处，平面呈曲尺形，面积6000平方米，坑内有陶俑、陶马1300余尊。南部是战车方阵，共有并列八排，每排八辆排列的战车，中间是战车和车兵方阵，北部是战车和骑兵方阵。二号坑的前端是一个平面为方形突出的角，四周是两排立射武士俑（俗称立射俑），中间是蹲姿武士俑（俗称跪射俑）。推测二号坑埋藏立射俑172个，跪射俑160个，骑士俑116个，战车89乘。

秦兵马俑三号坑位于一号坑西端北侧25米处，平面呈"凹"字形，面积520平方米。坑的平面布局分为三部分：南厢房、北厢房和车马房。南厢房面对面排列着64个武

秦俑军阵

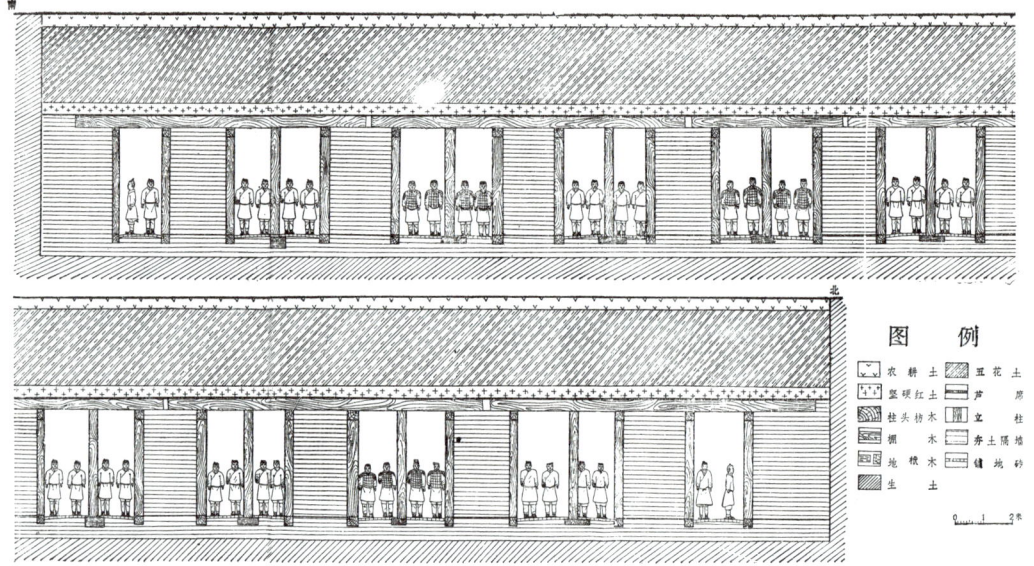

● 秦俑一号坑建筑复原横剖视图

士俑，北厢房未放置陶俑，有门楣、鹿角等遗迹，车马房中有四马战车一辆、车士四人。

在二、三号坑之间为秦兵马俑四号坑，四号坑系未建成的俑坑，坑中未放置陶俑。

秦俑一、二、三号坑占地面积两万多平方米，平面呈"品"字形排列，形成一个庞大的军事阵容。三个俑坑全部发掘后可出土陶俑七千余件，陶马数百件，木质战车百余乘。这些陶俑、陶马和战车，都同真人、真马一样大小。陶俑平均身高 175 厘米，最高达到 195 厘米。陶马高 150 厘米，身长 200 厘米左右，均为泥质灰陶，写实逼真。木质战车虽已损毁，但痕迹依稀可见，系实用战车的再现。秦兵马俑宏大的场面、壮观的阵列、实用的兵器以及精美的雕塑艺术，为世界所独有，被称为 20 世纪最伟大的考古发现，有"世界第八奇迹"之美誉。

我们可以想象一下，2300年前，千古一帝秦始皇指挥秦国大军驱驰中国，横扫六合，势不可挡。他们通过高效率的战斗队型也就是军阵，去赢得战争的胜利。临战时，排在军阵前方的弩兵发射弩箭为军阵开路；左右两侧及后方的士兵随时防止敌人从侧面和后面的偷袭；中间手持兵器的步兵积极跟进，与敌人展开激烈搏杀；当双方处于拉锯战时，车兵立刻以势不可挡的强大冲击力，从正面摧毁敌人最后的抵抗。这样进可以攻，退可以守，而又以进攻为主，这正是秦军军阵的布局理念。秦国工匠们用陶塑的形式，将宏大的军阵逼真地再现出来，记录胜利者的形象，定格勇士们的神情，用以纪念秦军的辉煌战绩。

● 一号坑军阵前锋

当我们走近一个个秦俑，与史书中记载的骁勇秦人面对面时，我们会看到一个个勇士庄重威严、神情肃穆。它们有的免盔束发、身穿战袍、手执弓弩，显示出即将奔赴战场、视死如归的气概；有的披甲执锐、手握长兵器，表露出血气方刚、威猛善战的气质；战车上的御手双臂前伸、手握辔绳、目视前方，驾驭着战车勇往直前。军阵中级别最高的将军俑头戴鹖冠、外披鱼鳞甲、体魄魁梧、昂首挺胸，展现出指挥若定、满腹韬略的大将风度。在统一的指挥调动下，数千名英勇无畏的战士、上百辆战车组成了坚不可摧的钢铁阵营。秦兵马俑军阵，在真实还原秦国将士原貌，还按照艺术的手法来夸张、强调和描绘具体的细节，刻画出每一位军人属于自己的鲜明个性和表情。

当我们面对秦俑军阵时，似乎能听到军人们呼吸的气息，似乎能感到勇士们的温热体温，将士们似乎活了起来。这种生命的气息，源于生活而又高于生活，产生了令人震撼和感动的强烈艺术效果。

秦俑守卫着秦陵，如同复活的军团一般，虽然是陶质的俑，但如真人一般大小，给人留下的不仅是雄壮威武的军阵，更多的是2200年前古人的生活实况。秦兵马俑的神情庄严肃穆，忠诚刚毅，表现出极强的控制力，虽是静态的雕塑，但身姿却是静中寓动，引而不发。秦俑的五官刻画特点是方脸庞，眼睛细长，外眼角略有上翘，鼻梁直而低，鼻头小巧，嘴唇薄厚适中，尤其是大而长的耳朵、突出的眉骨、浓黑的眉毛都给士兵平添了一份英武之气，让人感到振奋。

秦俑个性鲜明，制作精美，雕塑细腻。陶俑因官阶、军种的不同而身着不同的军服和冠帽，甚至连面形、胡须、发髻和带扣都有多种变化，让人们看到了大致相同中的细小差别。秦兵马俑庞大的气势、壮观的军阵、栩栩如生的形象，让我们每一个人在心灵上都受到了极大的震撼。

秦兵马俑传递给人们的吸引力和震撼力，反映出它超群的艺术感染力。它的雕塑艺术直接继承了我国古代写实艺术的传统，而且发展到了一个新的高度。

秦俑坑中绝大多数是士卒俑，即战袍武士俑和铠甲武士俑。它们身着战袍或铠甲，有的头戴巾帻，有的仅绾发髻。它们反映了在统一战争中秦军士卒英勇善战的精神风貌。秦兵马俑庞大的气势、壮观的军阵、多样的形象、未解的谜底，令人惊叹不已。那一排排、一列列、一尊尊武士俑，表现出难以想象的壮美，令每一位见到它的人，从心理上、心灵上都受到极大的震撼和冲击，使人心旌战栗，无比激动。

秦兵马俑模拟军阵的宏大构图，在中国和世界雕塑史上都是独一无二的。它把两千多年前秦军军阵的编列情况清楚地展现在人们面前，使人自然想起秦军叱咤风云、统一中国的伟大业绩。在构图的处理上，它没有塑造秦军与敌人英勇格斗的场面，也不是一般常见的车马仪仗出行的浩荡阵势，而是捕捉了"严阵以待"这个深远的意境。近八千个手持实战武器的秦国勇士，肃然伫立，斗志昂扬。战车前的四马已驾，跃跃欲试。骑士身旁的战马奋鬃扬尾，骑兵一手牵缰，一手提弓，随时准备飞身上马迎战。

这一切给人以强烈的视觉震撼，仿佛只要一声令下，这千军万马将"若决积水于千仞之豁"。这种气势所产生的艺术效果，反而胜过了与敌直接厮杀格斗的场面，留给人们无限的想象空间。

秦军之勇

《史记·张仪传》中说的："秦带甲百余万，车千乘，骑万匹。虎贲之士，跿跔科头、贯颐奋戟者，至不可胜计。秦马之良，戎兵之众，探前趹后，蹄间三寻，腾者不可胜数。山东之士，被甲蒙胄以会战。秦人捐甲徒裼以趋敌。左挈人头，右挟生虏。"跿跔就是跳跃，科头是不戴头盔，徒裼是光脚光身子。这段描写秦军勇敢精神的话语，虽然有夸张之词，但同秦俑的形象相对照，还有一些相似之处。这些免胄束发、勇往直前、舍生忘死的精神，谁能不惊叹？

文官俑
敦厚儒雅的形象

战国—秦（前475—前206）

高188厘米
2000年出土于秦始皇陵K0006陪葬坑

    这尊袖手站立、面容严肃的陶俑于2000年在秦始皇陵K0006陪葬坑出土。

    秦始皇陵K0006陪葬坑，2000年7月至12月进行全面发掘，2011年10月1日正式对外开放。该坑由斜坡道、前室、后室三部分组成。陶俑出土于前室，已发现12尊，编号为K0006：1—K0006：12，其中11尊陶俑面向北站立，一尊面向西站立。11尊陶俑中有8尊样子特殊，不同于兵马俑坑中的陶俑。

● 文官俑出土原状

陶俑出土时已残破为碎块，其中1号俑头南足北仰卧；2—11号陶俑呈一字形排列，均头北足南俯卧；12号陶俑面西站立。踏板多保留于原位，间距约为40厘米。据此可知，1号陶俑站立于厢房入口处，2—11号俑面北紧依前室南壁站立，12号陶俑面西紧依前室东壁站立。陶俑表面原饰有红、绿、黑、粉、白等彩绘，因水浸及坑体倒塌等原因大多已剥落，仅在面部保留有较多的残迹。

12件陶俑可分为袖手俑和御手俑两类，其中袖手俑8件，御手俑4件，已修复袖手俑7件，御手俑2件。这些俑头戴长冠，冠带系于颔下，带尾系成蝴蝶结；身穿长襦，腰束革带，下身着长裤，脚穿齐头方口浅履；面部恭谨，面带微笑，双目下垂。在陶俑的右侧腰带部悬挂着贴塑的削及砥石，左臂与躯干间有一个不大的椭圆形小洞，似掖有物。削，即为小刀，砥石就是磨刀石。秦时字是写在竹片上的，写错了用小刀刮一下可以另写，砥石则用来磨刀。从陶俑的装饰看，它们就应是文官之类的人物，是秦王朝朝廷中的中央官署中的工作人员。从其装扮看，其爵位应在八级以上。在木车的后部有4尊御手俑，双臂前伸，双手半握拳，呈揽辔驾车状。

这尊俑头戴双版长冠，冠带以蝴蝶结系结于颔下。上身穿双层交领右衽齐膝长襦，衣襟交掩于背后，腰束革带。下身着长裤，脚穿齐头方口浅履，袖手站立于长39厘米、宽35厘米、厚4厘米的长方形踏板上。右侧腰带的部位悬挂着贴塑的削及砥石，左臂及躯干间有一个近似椭圆形3厘米×9

厘米的小洞，腋下似夹有物。这尊文官俑肃然侍立，面相敦厚儒雅，反映出恪尽职守、恭谨唯命的文吏形象。

这静态的雕塑群，简单形象地勾勒出人物的特定身份、地位和心理，如实地反映了秦王朝的大臣们面对帝王时的内心活动。文官俑与兵马俑坑出土的陶俑一样，原来都是经过彩绘的，现在有一部分色彩已经脱落，只留下一层灰蒙蒙的色调。

文官俑

高级军吏俑

气宇轩昂的将军

战国—秦（前475—前206）

高196厘米

1974年出土于秦始皇陵兵马俑二号坑

　　高级铠甲军吏俑，俗称将军俑，是秦兵马俑坑中级别最高的军官。截至2017年，秦兵马俑坑已出土将军俑9尊，其中一号坑出土7尊，二号坑出土2尊。已出土的将军俑可分为两类：一类为着彩色鱼鳞甲，双手拄剑或挎剑；另一类不着铠甲，穿交领右衽长襦，均站立于战车后。战车上发现有钲及鼓的遗迹，应为指挥车。高级军吏俑共同的特点是头戴鹖冠，高大魁梧，神情沉稳，颇具大将风度。战袍将军俑着装朴素，但胸口有花结装饰；铠甲将军俑的前胸、后背以及双肩，共饰有八朵彩色花结，华丽

高级军吏俑

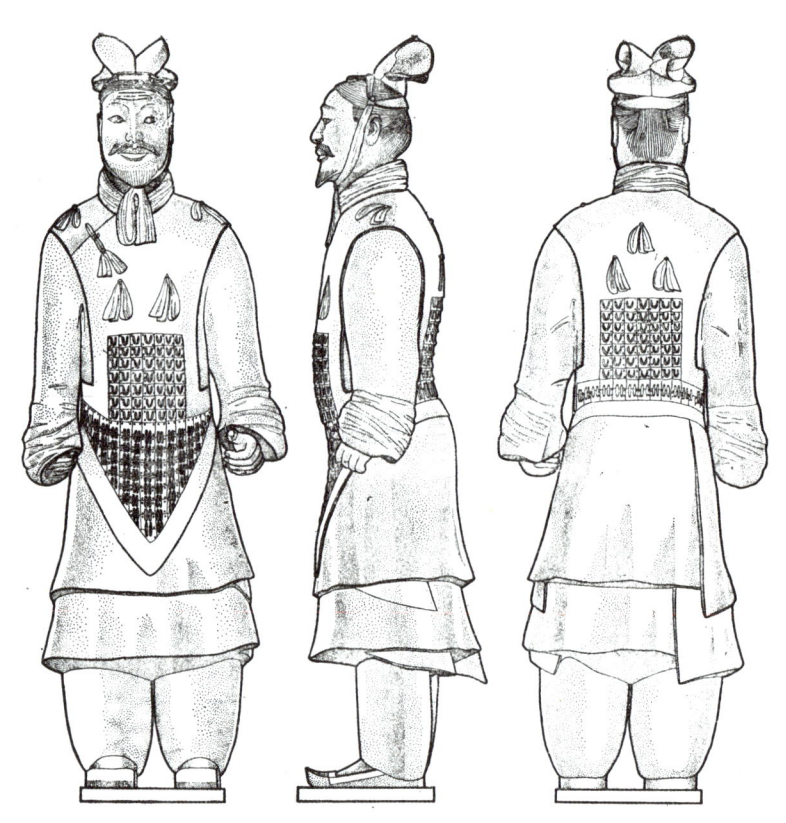

高级军吏俑的甲衣三视图

多采,衬托其等级、身份,以及在军中的威严。高级军吏俑,其身份应为秦代的都尉和郡尉级武官。

　　这尊将军俑头戴鹖冠,外披鱼鳞甲,体魄魁梧、昂首挺胸,面容严肃,气质不凡,表现出指挥若定、满腹韬略的大将风度。它的面庞为长方形,两颊各有一撮浓须,长髯飘洒。身穿双层长襦,外罩编缀细密的鱼鳞甲,甲衣的胸前、背后、双肩部皆有花结。下穿长裤，着护腿，足穿方口翘尖履。右手笼于袖内，左手半握拳作提弓状。

秦俑坑已出土高级军吏俑铠甲的形制大体相同，前身甲较长，下摆略呈等腰的尖角形，下缘及于腹下；后身较短，下缘平直，仅及腰际。身甲似为整片皮革制成，前身在胸部以下，后身在腰际嵌缀鱼鳞状的小型甲片。前胸和后背部分没有嵌缀甲片，上面着绘彩，并有几朵用彩带绾结的花结。甲衣的周围留有宽边，宽带上绘有精致的几何形图案花纹。有的双肩有披膊，披膊上没有嵌缀甲片；有的双肩无披膊。这尊高级军吏俑的甲衣双肩无披膊，由前身和后身两片联缀组合而成。前身的下摆呈尖角形，长100.8厘米，四周有宽约6厘米的彩绘边缘。前身甲片分为上旅和下旅两部分。上旅分为上、中、下三段：上段位于胸部，为整片皮革，没有嵌缀甲片，通体涂粉紫色，上面绘有散点式的几何形纹样，其左右两侧各有一朵用彩带扎的花结，带头分披飘洒于胸前。上旅的中段和下段位于腰际，中段有近似方形的小甲片4排，每排有甲片9片；下段亦有近似方形的小甲片四排，每排有甲片19片（正面9片，左右两侧各有5片）。中段和下段的每片甲片上都有"V"形联甲带和甲钉状的甲组遗痕。下旅呈等腰尖角形，缀有近似方形、长方形及不规则形的小型甲片9排，第一排有甲片17片，依次递减，至最下尖角处只有甲片一片。甲片上有组带联缀后显露在外面的针脚纹，状似甲钉；上下排甲片之间用双行朱红色带联缀，以增加下旅活动甲片的强度，更结实耐用。

这尊高级军吏俑的前身和后身联成一体，在右上侧肩与胸的交接处开口，开口处有纽扣扣结，纽扣的下端和用彩色条带扎的花结相连，花结的带头分披飘洒。前胸和肩、背部分共有彩带扎的花结八朵，此花结可能是系联护甲内侧置的整片护板用的，带头又具有装饰的作用。

整片甲衣共有甲片250片，其中前身192片，背后58片，长方形甲片长4.2—4.8厘米，宽3.5厘米；方形甲片长3.5厘米，另外还有不规则的小甲片。甲片的编组方法是：上旅部分的甲片是上一排压下一排的甲片，下旅的部分甲片则是下一排压上一排的甲片。若以中间的一纵行甲片为中轴线，前身部分是由中间一行甲片向两侧的依次叠压；后身部分则相反，由两侧的甲片向中间依次叠压。上旅的甲片是固定联缀的甲片，下旅为活动联缀的甲片。这样弯腰抬臂挺胸都比较方便。

这尊高级军吏俑身穿的铠甲主要特征是甲片小、制作精致，色彩艳丽。一般是褐黑色的甲片，配上朱红色的联甲带，甲衣周围的花边在白色的底上绘着绚丽的几何形图案花纹，前胸及后背、双肩有几朵彩色花结，异常华丽，显示了等级的尊贵。

秦俑坑出土的武士俑大多头挽发髻，中下级军吏俑一般头戴单板或双板长冠，而这件俑头戴双卷尾鹖冠。鹖，是一种勇猛善战的鸟，《说文解字》中讲到："鹖者，勇雉也，其斗时，一死乃止。"意思是说这种鸟非常勇猛，在争斗时要斗到一方倒下才肯罢休。古代将军为了表明自己奋不顾身英勇战斗，就将这种鸟的羽毛插在发髻上，久而久之，这种鹖冠就成为最常见的将军身份标志。

除了鹖冠,将军的服饰也和普通的中下级军吏俑有所区别,它身穿双层长襦,外披精致鱼鳞甲。在秦俑坑中,甲衣制作得越精细,它的级别就越高。秦自商鞅变法以后,实行二十等军功爵位制。秦军将士在战场上每斩获敌军一枚甲首,就能够赐爵一级,赏田一顷。在这样一种激励制度下,秦军将士会在战场上脱去铠甲、甩掉头盔,如狼似虎般冲向敌阵,人人争功,个个奋勇。得胜以后,根据斩杀的敌人首级和俘获的俘虏数量,去领取相应的奖励。每一个将军就是这样凭借出生入死、刀枪砥砺的血战之功,一步步上升到将军的。

为了适应这种你死我活的搏命,必须每天练骑射、练摔跤、练投掷、练举鼎、练格杀,通过正规而严格的训练,练出强健的体魄和高超的搏杀技巧,而比强壮体魄更重要的是奋不顾身的顽强精神和不屈不挠的战斗意志。正因为有了丰富的战争经验,才能倚剑而立、不骄不馁,镇定从容,成为智勇双全的秦国将军,得以跻身那些光荣前辈的行列。而将这一切定格并化为不朽艺术形象的,正是秦代工匠们付诸在塑造陶俑上的辛勤努力,正是这气宇轩昂的将军俑。

秦军中这群英勇无畏的战士,在这位善于谋略的将军指挥下,便能做到攻无不克、战无不胜、坚不可摧。从秦俑坑中将军俑的形象,可以想到在2000多年前秦军自信坚毅、斗志昂扬的神情,那摄人心魄的力量,使得秦兵马俑以独特的魅力,形成了持久不衰的"秦俑热"。

高级军吏俑
指挥若定的将军

战国—秦（前475—前206）

高197厘米

1977年出土于秦始皇陵兵马俑一号坑

  这尊高级铠甲军吏俑，又称将军俑，它身姿挺拔魁梧。这样的身高，即使是今天，站在人群中也会显得鹤立鸡群。由于是目前秦兵马俑坑中出土级别最高的陶俑，所以，专家称为高级军吏俑，不过观众喜欢叫作"将军俑"。

  秦兵马俑坑中虽然没有主将，但有管理士卒的军官：武将和军吏。武将属高级军吏，头戴鹖冠，身着细密的铠甲，胸前和肩上有缨组，即用彩丝扎成的线结。这种武将，目前只出土10尊。

  高级军吏俑，其身份应为秦代的都尉和郡尉级武官。这位将军俑昂首挺胸，目视前方，看上去勇猛果敢，威武不凡，让观者顿时心生敬畏。再仔细

高级军吏俑

观察它淡定的表情和微翘的食指,则显示出胸有成竹,自信从容的非凡气度。《孙子兵法》中讲:"胸有积雷而面如平湖者,可拜上将军!"眼前的他,不正彰显着这样的气度吗?血雨腥风的战场,磨砺出坚强的意志,更磨砺出了处事不惊的大将之风,而这种磨砺,也被深深地镌刻于额头上那一道道皱纹中。

这尊高级铠甲军吏俑,甲衣的形制与上一尊将军俑的形制相同,只是双肩有披膊。其甲衣由前身甲、背甲和披膊三部分组成。前身甲长97厘米,下摆呈等腰尖角形,四周宽约6厘米的边缘上绘着几何纹图案花纹。胸部是未嵌缀甲片的整片皮革,上旅有甲片8排,每排9片。下旅有甲片9排,依次递减,至最后一排仅有甲片3片。背甲长55厘米,底边平齐。上部没有甲片为整片皮革,四周镶着花边。上旅有甲片5排,每排7片,下旅有甲片两排,每排27片。

高级军吏俑线图

● 高级军吏俑色彩复原

● 高级军吏俑的鱼鳞甲

披膊系整片皮革，边缘镶着花边，上面没有嵌缀甲片，绘着彩色的图案花纹。全身共有甲片 260 片。甲片为方形，长宽各 4 厘米。

此甲在左右肩部各有一个开合口，开合口上用纽带扣结，纽带的下端垂着彩色的条带。前胸、后背各有三朵花结，双肩各有一朵花结，全身共有八朵花结。花结的彩色带头分披飘洒，花结亦可能是系联护甲内侧置的护板用的。

这尊高级军吏俑甲衣上的彩色花纹多已脱落，部分色彩黏附在泥土上，残留在泥土上的三片花纹比较完整，色泽鲜艳。其中一片系前身甲胸部的花纹图案，残长12厘米，宽7厘米，上绘花纹两组。第一组花纹，在粉紫色的底色上用双勾绿色线绘制四个钥匙形的单独纹样，彼此相连的两个纹样之间，又填绘六角形及不规则的几何形纹样。第二组花纹，是在紫色的底色上，用白色双勾线绘一类似璜形的几何纹样，在此纹样的内区又用白线勾绘对称的三角雷纹及不规则的几何形纹样，纹样对称，色调素雅。

另一片系前身甲右侧的边饰图案纹样，残长14厘米，宽6.5厘米。此片花纹是在白色的底色上，用深紫色斜行粗线勾画出四方连续的菱格纹图案，在每个菱格内又用纤细的紫色勾画内边，再套绘黄色或朱红色或深紫色的适合纹样。适合纹样的种类很多，有菱花纹及各种不规则的几何纹等。每一种纹样都有几种不同的色彩，横行的一种菱格纹及斜排的一种菱格纹，各个格内的纹样相同，但色彩各异，成上下纵行排列的菱格纹，各个格内的纹样亦完全相同，色彩各异，构图均衡对称，严整美观。

仔细观赏这尊将军俑，它体魄魁梧、昂首挺胸，表现出指挥若定、满腹韬略的大将风度。

鹖冠

将军俑所戴帽子是双卷尾鹖冠。所谓鹖冠，就是用鹖的羽毛做装饰的冠。《说文解字注》中讲到："鹖者，勇雄也，其斗时，一死乃止。"意思是说鹖是一种勇猛善战的鸟，在争斗时要斗到一方死去才肯罢休。古代将军把这种鸟的羽毛插在发髻上，用它表明自己身先士卒，誓死尽忠的决心。

战袍军吏俑
骁勇善战的将军

战国—秦(前475—前206)

高197厘米
1977年出土于秦始皇陵兵马俑一号坑

这尊将军俑身姿挺拔魁梧，1977年出土于秦始皇陵兵马俑一号坑。由于是目前秦兵马俑坑中出土级别最高的军吏俑，所以，专家称为高级军吏俑，俗称"将军俑"。

截至2017年底，秦兵马俑坑已出土将军俑9件，其中一号坑出土7件，二号坑出土2件。该俑头戴鹖冠（鹖是一种猛禽，性好斗，古代将军用鹖尾作冠饰，故称鹖冠），蓄八字胡，方形脸，大眼睛，宽鼻头，面部表情威严。它身穿战袍，腰间系带钩，下身穿长裤，着护腿，足蹬方口翘尖履。双手下垂，左手伸张，右手作握武器状。这身装束，从头到脚，从穿着到佩饰，都显示着非同一般的身份。

战袍军吏俑

高级军吏俑共同的特点是头戴鹖冠，高大魁梧，神情沉稳，颇具大将风度。战袍将军俑着装朴素，但胸口有花结装饰，衬托其等级、身份，以及在军中的尊贵和威严。一号坑的将军俑全部出土于车后或者倒伏在车旁，均属于车上的乘员，身旁均出土青铜剑，战车上发现有钲和鼓的遗迹，应为指挥车。

仔细观赏这尊将军俑，它体魄魁梧、昂首挺胸，表现出指挥若定、满腹韬略的大将风度。在他的身上，我们仿佛看到了秦国大将白起、王翦和蒙恬的身影，似乎一声令下，这支虎狼之师便会爆发出排山倒海的力量与波涛汹涌的冲击。在两千多年前的秦国，正是因为拥有一大批骁勇善战、视死如归的士兵和德才兼备、智勇双全的将军，才最终建立起了中国第一个大一统的帝国——秦帝国。

可以看出，秦代艺术大师不仅雕塑出了众多人物的外部形象，也认真刻画了每个人物的心理和性格，使人物栩栩如生，如闻其声，如见其心，使作品显得有血有肉有性格。陶俑中大体有三个阶层的人物，即武将、军吏和士卒。武将职务较高，权力较大，因此便被雕塑得深沉、果敢、坚毅、严峻和老谋深算。军吏一般具有严肃、坚定的形象。众多的士卒，一般看来是灵活、机警、勇敢、视死如归。除了这些一般的共性以外，秦代的雕塑大师们还在自己的雕刻刀下，塑造出了不同的个性。同是武将俑，除了服饰的区别外，面容也不一样。有的武将看起来比较温厚，有儒将之风；有的则面容肃杀，似有杀一儆百之势。士卒的表情则更为复杂。有的面带微笑，似心满意足；有的年轻幼稚，满面顽皮；有的额上皱纹重叠，愁容满面，似有难言之隐；有的两眼呆滞，缺乏表情，似处于无可奈何之中；有的面广体胖，表情随和；有的老练沉着，情状幽默。这些形象，大概随它们所处的地位、年龄、阅历不同而变化，比较多样地表现了群体中的复杂个性。因此，虽然陶俑的姿态因为表现内容的需要而比较单一，但各个陶俑的表情不同，宏大壮阔中见精细，群体众多中见性格，便较好地减弱了整个雕塑群的雷同感。

秦统一战争

自商鞅变法以来，强大的秦军通过一次次战争消耗东方列强的军事力量。在130年的时间里，秦军歼灭六国军队160多万。到公元前230年的时候，再也没有国家能够与秦军抗衡，秦王嬴政就此发动了大规模的统一战争。

十年统一战争期间，六国军队的伤亡总数超过了200万。这是一个令人震惊的数字。公元前221年，最后的齐国不战而降，秦军挺进当时世界上最大的城市临淄。至此，战国时代结束，秦帝国诞生了。可以看到，从崛起于西北高原到一统中国，秦国这支伟大的军队经历了550多年的奋战。

中级军吏俑
勇敢刚毅的武官

战国—秦（前475—前206）

高196厘米
1974年出土于秦始皇陵兵马俑一号坑

这是一尊中级军吏俑，因身穿战袍，也称战袍军吏俑，1974年出土于秦陵兵马俑一号坑，现藏秦始皇帝陵博物院。

该俑头戴单板长冠，身穿交领右衽长襦，长度及膝，腰间束带。下身穿长度到膝盖的短裤，腿扎行縢（即裹腿），足穿方口齐头翘尖履，履带紧紧系结于足腕。左臂自然下垂，左手伸掌，右手半握，做握持兵器状，目光平视，神情沉着稳健。

中级军吏俑与一般武士俑的区别是武士俑不戴冠，军吏俑戴冠。下级军吏俑头戴单板长冠，中级军吏俑头戴双板长冠。秦兵马俑坑中的俑戴不戴冠和冠制的不同，是区别职位高低的重要标志。

在秦俑军阵中，战袍武士俑属于轻装步兵俑，它们立于军阵的前锋或阵表，要求动作敏捷轻快，所以装备要求少而轻。在俑的周围出土有弓弩、箭镞等物，这与兵书上所说"强弩在前，铩戈在后""材士强弩翼吾左右"的记载一致。

关于行縢的解释有三层含义：一是裹行縢便于士兵行军。据《释名·释衣服》记载："偪，所以自逼束，方今谓之行縢，言以裹脚可以跳腾轻便也。"偪即幅，指行縢，"偪"是一种用来自我扎腿的物品，汉代叫作行縢，表示用它裹腿后行路时可轻便地跳跃起来。二是行縢分为布和绳两部分，有其独特的缠裹方法，即先用布裹腿，再用绳固定布。三是行縢缠裹在腿上的位置是膝以下脚踝以上。秦俑武士裹腿的特点完全与此吻合，不仅具有跳腾方便的作用，而且缠裹方法和位置也与文献记载一致，从运动医学的角度观察，扎行縢可以改变人体小腿部肌肉的运动状态，促进血液循环，减少疲劳，增强士兵长途跋涉、远征作战的力量。杨家湾汉墓骑兵和汉景帝阳陵武士俑的腿部均缠扎行縢，说明秦汉时代这种服制比较流行。

在秦俑一号坑中的长方形俑阵中，最东端是一个长廊，站着三排面向东的战袍武士俑，每排68个，这是战袍俑最为集中的区域。

陶塑兵马俑的七情六欲都要通过面部表情来反映。因而陶俑五官的塑造最为重要。为了表达人物的性格和心情，从眉毛的浓细和高低、眼睛的平视和侧看、嘴巴的上扬和下垂，甚至连眼睛的大小等都能反映人物丰富

中级军吏俑

的内心世界。这尊战袍军吏俑,面容严肃,表情自信。

凡亲临秦兵马俑现场的人都会强烈地感受到兵马俑的阵容和气势,足以使任何一个自信的人都为之倾倒。人们一定会记住秦俑那充满自信、勇敢刚毅的神情。可以说,这尊战袍俑的坚定、刚毅吸引了无数的观众的目光。它是经过刀光血影的战斗脱颖而出的军吏,是万千个勇敢的秦国士兵的真实写照。

在已经出土的历代墓葬俑像中,一般全都是数量较少形体很小的俑,而且多为模制,以致于同类俑像,往往面貌形态大致相同,甚至连面目衣纹的轮廓也显得模糊,这样塑成的形象,既缺乏立体感,精神面貌也显得软弱无力。秦俑雕塑则不同。它是由雕塑工匠逐一精心捏塑而成,轮廓分明,个性突出,特别富有生气和活力。

袁仲一先生认为秦军服色表现出两个明显的特点:第一,秦代的军队没有统一的服装颜色。车兵、步兵、骑兵三大兵种的服装颜色没有统一的规定,每一兵种内部成员的服装颜色也不一样,甚至一辆战车上的三件俑的服装颜色也不一致。总之,秦军服装的颜色是多种多样,各随所好,不拘一格。为什么会这样呢?这是因为秦军的服装都是自备的,而不是由政府统一发放的。第二,秦军中将军和士兵的服装在装束上没有等级的区分。那么,区别在哪里呢?原来,高级军吏与普通士兵服装虽没有异样,但在冠与铠甲上却有严格的划分。高级军吏俑头戴鹖冠,中级军吏俑头戴双板长冠,下级军吏俑头戴单板长冠,一般士兵不戴冠。高级军吏俑身穿彩色鱼鳞甲，中级军吏俑身穿彩色花边的铠甲，下级军吏俑和一般士兵的铠甲没有彩色图案。

从秦俑身上残留的颜色看，我们大体可以知道，秦人最喜欢的服装颜色是绿、红、紫、蓝四种颜色。这是当时的主要流行色，其中以绿色所占的数量最多。

秦人对上衣和下衣的颜色非常注意色彩的搭配。绿色上衣一般配着天蓝色、粉紫色或红色裤；红色上衣配着绿色或天蓝色裤；天蓝色上衣与红色或粉紫色、绿色裤搭配。另外，看似不引人注意的衣服的边缘，秦人也是十分讲究色彩搭配的。例如，绿色的上衣配着朱红色或粉紫色的领和袖缘。红色的上衣配着白色领、绿色或粉紫色的袖缘。秦人颜色的搭配采用强烈的对比色，色调明快，服色绚丽。这样的服装颜色反映出秦人的精神力量是热烈、喜悦、活泼、沉稳的，给人一种蓬勃向上、积极进取的感觉。

秦陵的陶文
物勒工名的体现

战国—秦（前475—前206）

出土于秦始皇陵园遗址

秦始皇帝陵工程浩大，陵墓修建持续了38年，建造陵墓工人数最多时超过了70万。这70万人都是直接从事秦陵工程的人员，还没有包括从事运送粮食等服务工作的人。日本学者曾布川宽说："修秦始皇陵用的劳力和财力都是天文数字。"

文献记载说，秦代的土木工程都有十分明确的立法，陵园工程尤其严格，从主持设计到具体环节，从主管到工匠，一层一层都要承担各自的法律责任，工程量是预先计算好了的，工期也有详细的规定，这样才能保证各项工程顺利完成。那么，是谁修建了秦始皇陵？又是谁制作了兵马俑？

考古人员在秦陵马厩坑出土的器物上，发现了刻有"大厩""中厩""小厩""左厩""宫厩"等字样。这些陶文的珍贵之处在于它把史书中缺载的

陶俑身上的文字

秦代厩苑制度，形象地展示出来。它反映了秦代宫中的养马制度和马厩的编制情况，为研究秦代养马制度提供了实证资料。

秦兵马俑在历史上没有任何记载，因而关于它的制作者、修建时间等一直是人们关注的焦点。考古人员在对秦兵马俑一、二、三号坑的陶俑、陶马进行清理、修复时，发现在一些人们不注意的隐蔽处，有戳印和刻画的制作者的工匠名，这是当时"物勒工名"制度的反映。

在秦兵马俑一号坑地砖上发现有印文，其中有左水、宫水、宫毛、都仓、都昌、寺系等陶文21种，计76件。左水、都水是官署机构，不见于文献记载。"宫某"的"宫"是宫司空的省文，"都某"的"都"是都船的省称，"寺系"的"寺"是寺工的省称。这些陶文不见于战国晚期秦遗址，时代均属于秦王朝时期。秦统一全国后，由于大规模修筑宫殿和陵园，所需砖瓦数量巨大，原来主管砖瓦烧造的左、右司空等机构已不能适应新的要求，于是一批新的计划开始主管烧造砖瓦。

考古人员发现在一些陶俑身上刻有文字，这些文字就是制作秦俑的工匠的姓名，迄今已发现不重复的工匠名92个。研究可知，这些工匠有的来自宫廷的制陶作坊，

081

有的来自地方制陶作坊。

已发现的这些陶工名,均刻于陶俑身上不被人注意的地方,分为刻画文字和戳印两种类型,字数比较少,一般只有两个字,最多的一件上有11个字。这些人名标示大体可分为四种类型:一是在人名前冠以"宫"字,简称"宫"字类。二是在人名前冠以"右"字或"大"字,简称"右"字类和"大"字类。三是在人名前冠以地方名。四是仅有人名,人名多数仅有一两个字,少数为三个字。前两类是来自中央官府制陶作坊的陶工;第三类是来自地方制陶作坊的陶工;第四类因文字过于简约,这些人的具体来源尚难以做出确切的判断。

这些陶工的签字也有各自的特色。"宫"字类陶工名大多位于陶俑衣服下摆底部的隐蔽处,少数位于衣角或腿上,有"宫得""宫系""宫水""宫藏""宫魏""宫朝""宫颇"等,字体均为小篆,戳印的文字比较规整清楚,刻画的文字草率一些。

秦时服务于宫廷的人员多称为宫某,如"宫狡士""宫更人"等,因此带有"宫"字的陶俑是由宫廷雕塑工匠制作的,而"得""系""水""藏"、"魏""朝""颇"则是工匠人名。这些工匠名也见于秦始皇陵园内出土的砖瓦上,说明塑造兵马俑的这批陶工,也从事烧造砖瓦的工作,他们是一批富有经验的优秀陶工。这类刻有"宫"字的陶俑,是秦俑雕塑中制作精美的一类,其突出特点是气质威武、身材伟岸、健壮有力,膀大腰圆,立如铁塔,给人的整体感觉是刚毅威猛。

● 发髻上的陶文

"大"字类陶俑在秦兵马俑一、二号坑和秦始皇陵园均有发现。"右"字类陶俑在秦兵马俑一号坑发现两件,此类陶文在秦都咸阳多有发现,如"右司空尚""右司空婴""右齐"等。据研究,"大"为"将作大匠"的省称,"右"为"右司空"的省称,这说明这两类陶俑制作者是"将作大匠"和"右司空"掌管控制下的陶工。

还有来自民间的陶工名在秦俑坑中也发现很多。这类陶俑制作者均是在人名之前冠以地名,其地名有咸阳、栎阳、临晋、安邑等,其中以带"咸阳"地名的最多,来自咸阳地区的陶工有秸、封、冉、铄、其、衣、危、午、高、庆、处、行、路等19人。之所以在咸阳地区抽调众多陶工参与制作兵马俑,是因为咸阳是秦的都城,是当时的政治、经济、文化中心,在此集中了全国的优秀陶工进行都城建

● 陶俑身上的"得"字

● 陶俑身上的戳印文字

设,如烧制砖瓦等。在咸阳都城附近发现了众多的陶制手工作坊遗址,从一个侧面反映了当时咸阳的制陶业非常发达。

咸字类陶俑的突出特点是陶俑身材清瘦、体型略有曲线,富有动感,与"宫"字类俑形成鲜明的对比,如咸阳行和咸阳秸两人塑造的陶俑,均为中等身材,躯体扁平,不管是正视、背视或侧视,都可以看到形体略带曲线的韵律美。封和冉这两个陶工的作品,属于"咸"字类俑中威严刚健的典型,形体和"宫"字类陶俑相似,挺拔笔直,充满活力,但躯干仍有曲线变化。铄和其这两个陶工制作的陶俑,属于"咸"字类俑中的瘦小型,躯干细小、清瘦,缺乏健壮感。

还有一些陶俑身上仅有人名,人名前没有官署机构名和地名,大多数为阴刻、小篆,文字比较潦草。因文字过于简单,目前尚不能确切判断陶

● 陶俑左前胸部铠甲上的陶文

工的身份和来历。这些仅有人名的陶俑,其特点有的类似于中央官署制陶作坊的水平,有的类似于地方官署制陶作坊的水平。

虽然陶俑身上发现的文字不多,但意义重大。它不仅留下了当时制作陶俑的工匠名字,而且为研究秦代手工作坊制度提供了实物资料。

物勒工名

《吕氏春秋·孟冬纪》记载:"物勒工名,以考其诚;工有不当,必行其罪,以穷其情。"东汉高诱注:"物,器也。勒铭工姓名著于器,使不得诈巧,故曰以考其诚。""不当,不功致也,故行其情,以穷断其诈巧之情。"陶工在陶俑、陶马上勒名的本义,本是便于上级对其作品的稽核,是严格的生产责任制。但出乎当时人们意料之外的是,这种制度,给后世留下了一份宝贵的文化财富——秦俑艺术大师的姓名。

兵器铭文
金字塔式管理制度

战国—秦（前475—前206）

出土于秦始皇陵园遗址

  1958年，在秦始皇陵东侧的安沟村出土了一口丽山园铜钟，钟的底部有铭文17字："丽山园，容十二斗三升，重二钧十三斤八两。"这是第一件证实文献上秦始皇陵园原名"丽山园"的实物证据。近年来，秦始皇陵园中出土的铜器铭文中也有"丽山园"三个字，再一次证实了这一记载的可靠性。帝王的陵墓之所以称为"陵"或"山"，大概是用山陵之大显示墓主人是封建等级制度中最高的一等。在这种观念下，国君去世也称之"山陵崩"。

秦陵工程修建时巨大的用工规模、严密的管理制度，秦陵地宫中百官位次的摆放情况，制俑过程中整齐划一的严格要求，兵器制作中近乎苛刻的模式规范，都反映了秦代高度统一的政治制度。

秦俑坑出土的青铜兵器，虽然埋在地下两千多年，出土后发现剑、镞、矛、钺、殳等的表面仍然光洁呈亮，颜色青灰，寒光闪闪。经过检测可知，兵器表面有一层含铬盐氧化物的氧化层，起着良好的防锈作用，从而使两千多年前的兵器光亮如新，锋利无比。铬盐氧化技术是一项先进的科学工艺方法。世界上镀铬的方法分为电子镀铬和化学镀铬两种。电子镀铬技术是随着现代工业文明而产生的，其发明者首推德国，而且是20世纪30年代才有的工艺，而化学镀铬技术却是我国劳动人民在2000多年前的首创。这种工艺西汉时期仍然沿用，如在满城汉墓中就发现经过铬盐方法处理过的兵器。汉代以后，再没有见到这种工艺，说明这一工艺后来失传了。

在兵马俑坑出土的兵器，发现上面带有文字的青铜兵器多件。一号坑已出土刻有纪年铭文的青铜兵器23件，其中有三年、四年、五年、七年相邦吕不韦戈等6件，十年寺工戈1件，十五年、十六年、十七年、十八年、十九年等寺工铍16件。《史记·秦始皇本纪》记载：秦王政继承王位（前246）后，以"吕不韦为相，封十万户，号曰文信侯"。十年（前237），吕不韦因受嫪毐叛乱的牵连，被免除相邦的职务。因此从十年开始铸造的兵器铭文中再没有见到吕不韦的名字。

这些兵器纪年中时间最晚者是始皇十九年，即公元前228年，这是兵

"五年相邦吕不韦造"铜戟

器铸造的年代，兵器铸造后先放进武库储存，上述兵器多刻有"左"字，"左"为左库省称，可为凭证。那么，是什么时候把这批武器从武库中调出放进秦俑坑呢？目前尚没有确切依据。但放进俑坑的时间一定会晚于始皇十九年，应当是可以确定的。此时距离秦始皇统一六国，仅相差7年，而秦始皇陵园的大规模修筑，是在统一全国后进行的，这为了解秦兵马俑坑的修建时间提供了重要线索。

六年相邦吕不韦戈、十六年寺工铍和1件寺工戈的主造者，都是秦中央主造兵器、铜器、车马器的官署机构——寺工。尤其值得注意的是三年相邦吕不韦戈铭文中有铸造此戈的工匠名"窎"。十五年的两件寺工铍、十七年的六件寺工铍、十八年的一件寺工铍的铭文上都有"工窎"二字。这说明从秦王政三年到十八年（前244－前229），长达十六年的时间里，名字为"窎"的这位工匠一直在寺工这一官署内具体负责铸造兵器，是一位技艺娴熟的老工人。这一事实也证明上述寺工铍铭文中的纪年都是秦王政的纪年，不可能是其他人的纪年。

在秦国的手工工场，工人一般都是终身制。无论如何，这个叫"窎"的工匠一生都在工场度过。16年的劳作，"窎"不知道经历过多少次的坎坷。就是这些像"窎"一样的普通人，制造出了留到今天的这些精良兵器，从一丝不苟的加工痕迹上，我们至今还能感受到他们粗糙的双手和专注的目光。

考古工作者在秦兵马俑一号坑出土的一件青铜矛的骹部发现有铭文"寺工"两字。该矛通长17.5厘米，叶长11.7厘米，宽3.6厘米，口径

矛　　青铜铍

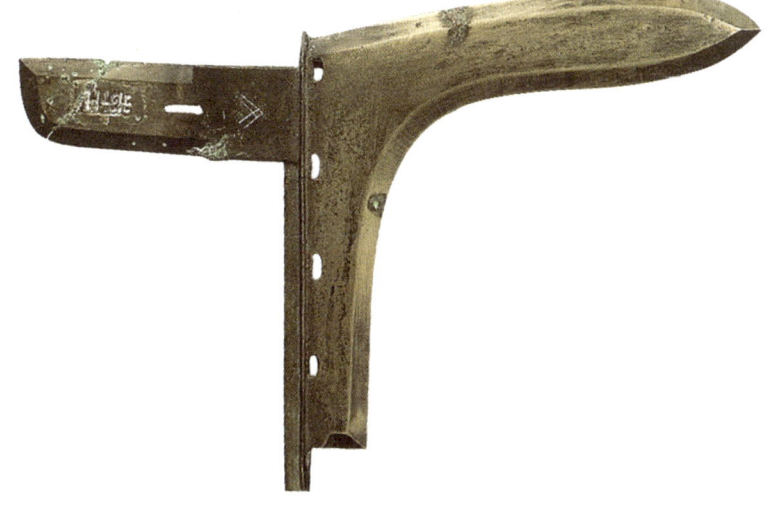

青铜戈

2.1厘米×2.8厘米。在秦兵马俑一号坑出土的一件青铜铍上有铭文："十七年寺工敏造工窎"，格部铭文"寺工"，茎部铭文"子九五"。该铍通长35.3厘米，铍身长24厘米。

秦俑坑兵器上的文字大多是人名，其中出现次数最多的是"相邦吕不韦"。考古人员在一件矛上发现刻有"寺工"的字样，这些铭文与今天的汉字非常相似。史书记载，"寺工"是秦始皇设立的主管兵器生产的国家机构。在这些看似普通的文字上，透露出秦国军事工业的管理机密。相邦吕不韦是兵器生产的最高监管人。他的下面是工师，就是各兵工厂的厂长，监制这只戈的厂长叫"蕺"。在厂长的下边是丞，类似车间主任，这位主

091

任的名字叫"义"。亲手制作这只戈的工匠，叫"成"。专家由此推断：秦国的军工管理制度分为四级。从相邦、工师、丞到一个个工匠，层层负责，任何一个质量问题都可以通过兵器上刻的名字查到责任人。今天，我们已从得知管理的细节，但秦国的法律对失职者的惩罚是非常严酷的，这就是物勒工名的用意。

透过这些冰冷的青铜铭文，我们或许还能看到那个遥远年代中一些普通人的命运。这个叫蕺的人做了好多年兵工厂的厂长，他每天都要检查兵器生产，他需要向丞相吕不韦负责。如果兵器质量有问题，按照秦国的法律，厂长首先遭受处罚。为了自己和一家老小，他必须尽职尽责。处在这个金字塔式的管理体系最底层的，是数量庞大的工匠。考古人员在铭文中共发现了16个工匠的名字。

由此可知，秦国众多的兵工厂能够按照统一的标准大批量地制作高质量的兵器，就是凭借这种金字塔式的四级管理制度来保障的。秦人就以其独特的思维方式和超人的智慧，创造出了当时最强大的兵器制造业。

在秦兵马俑一号坑出土的一件戈上有铭文："七年相邦吕不韦造寺工周丞义同。"在另外一件青铜戈上，专家们找到了更加确凿的证据，戈上右边的文字是："五年相邦吕不韦造"。吕不韦是秦始皇的丞相，他的职责之一就是负责秦国的兵器生产。兵器上面的这些纪年文字清楚地标志着它们非常准确的生产日期。毫无疑问，这些兵器都是在秦始皇时期铸造，在秦始皇死后作为陪葬品被埋入地下。

可以想象，一个国家如果没有心灵手巧的匠人，没有出类拔萃的手艺，没有用这些手艺修筑起来的恢宏建筑，绘制出来的栩栩如生的艺术品，只说文明程度有多高，是不会有人相信的。千百年来，在人们心目中，工匠所传技艺已经成为这个国家文明程度的重要标志。匠人是一个国家物质文明和精神文明的重要创造者、传承者。研究一个国家的文明，必须关注这一群人，这是秦俑坑出土兵器上的铭文给我们的启示。

铜车马
始皇銮驾的风采

战国—秦（前475—前206）

一号铜车马长225厘米，高152厘米，重1061千克
二号铜车马长317厘米，高106.2厘米，重1241千克
1978年出土于秦始皇陵西侧

銮驾就是帝王出行的车驾。秦继承了殷周以来君主出行车队的规定并有所创新和发展，进一步增强了车队的等级差异，彰显皇帝的尊严。车队中皇帝所乘为金根车，从车多少要看出行的场合而定，有大驾、法驾、小驾等不同的规模。秦陵的陪葬坑根据这一礼制，也象征性地设计了始皇帝的车队，就是铜车马。

1978年，考古专家在秦始皇帝陵西侧约20米处的地方钻探。突然，用来探测文物的洛阳铲从7米深的地下探到了一个亮闪闪的圆泡，仔细一

看，原来它是马笼头金泡上的装饰！专家们继续钻探，果然，地下有陪葬的铜车马。1980年，默默无闻埋藏了两千多年的铜车马终于从黑暗的地下来到了光明的人间。但遗憾的是，原本装在大木箱子里的铜车马，由于年代久远木头腐朽，被厚厚的黄土压成了3000多个碎片。

铜车马出土后，如何科学、安全地提取铜车马成为考古工作人员面临的一大难题。由于铜车马是由几千个零部件组装起来的，如果按照发掘常规步骤将零件一一分解、绘图、照相、记录，然后分别提取，这样不但费事，而且长时间在野外提取清理也不利于文物安全。所以，专家们一致认为应打破常规创造性地采取整体搬迁的办法。

铜车马刚出土的时候已经残破不堪，除铜御俑、车马的个别部件比较完整外，其他均是严重变形的大小铜片，总计有3000余块。车的结构本来就比较复杂，加上破碎严重，更增加了修复的难度。为了便于更细致地清理和在清理过程中反复观察研究，为修复工作提出更详细的科学资料，同时也为了确保文物安全，因而决定将两乘铜车马在不改变出土现状的前提下，全部移入室内进行修复。

文物修复工作者经过紧张、细致的工作，终于完成了被人称之为"绣花工程"的修复工作。两辆铜车马的修复工作持续进行了八年。1983年6月二号铜车马修复成功，同年10月在秦俑博物馆展出。1988年4月，又修复了一号铜车马。1988年5月1日，这一组两辆铜车马终于完整地陈列在一起，与广大观众见面。

走近铜车马,迎面看到的就是四匹神采飞扬的骏马。两乘车都是单辕双轮驷马系驾,旁边的两匹叫骖马,负责拉车,中间的两匹叫服马,在拉车的同时主要负责驾辕。它们耳若削竹,目似悬铃,胸部肌肉发达,四肢强健有力,一看就是优良的挽用马。两服马举颈昂首,正视前方,仿佛在眺望前路;两骖马头略向外偏,似乎在聆听号令。这活灵活现生动传神的姿态,表现出这些马,蓄势待发的瞬间。

为了保证四匹马齐心协力的拉车,中间两匹服马的脖子上各固定有一个类似三角形的马轭。在行驶的过程中,如果两边的骖马跑得太远,就会有两根缰绳把它们拉回来。如果骖马靠得过里,服马肚子外侧的胁驱就会刺痛马的身体,这样四匹马就会步调一致,齐心协力的拉车了。马肚子侧面有个前面是鸟头形,后面有四个尖刺的物品叫作胁驱,真是设计巧妙,匠心独运。

辔绳主要是控制车马启动、行驶、转弯及刹车用的,四匹铜车马上共配有八根辔绳。可是,我国最有名的诗歌总集《诗经·秦风》中

秦陵铜车马

● 铜车马发掘工作照

却说:"四牡孔阜,六辔在手。"它究竟是指哪六根辔绳呢?几千年来争论不休。看到铜车马,人们立刻明白了"六辔"指的是两匹服马的外辔绳和两匹骖马的内外辔绳。另外,铜车马上还有很多控制马的器物,比如笼头、衔镳、橛、鞧、尾束等等,完全和秦代真实车马一样。所以,有了铜车马,人们一下子明白了古代车马到底是怎么驾驶和行进的。

一号铜车马叫立车或高车,御手是站立驾车,这是起保护作用的兵车;

二号铜车马叫安车,它是供主人坐乘的车子。车箱上面是椭圆形车盖,里面铺有华丽的褥垫,可坐可卧,十分舒服,并且安车上的窗户可以推拉开关,调节温度,所以也叫"辒辌车"。两辆铜车马总重2.3吨,所有的零部件加在一起近7000个。安车3462个零部件中,有青铜制件1742个,黄金制件737个,白银制件983个。最大的零件是车篷盖,面积达2.3平方米。最小的零件还不到0.5平方厘米。最重的是铜马200多公斤,最轻的是辔绳上的销钉,还不到1克。我们熟知的商代后母戊大方鼎,高133厘米,重832公斤,铜车马重量是它的2倍多,体积是10多倍。因此,铜车马是青铜器世界里的冠军。

铜车马还是古代冶金铸造史上的奇迹。它的制造工艺采用了铸造、铸焊、红套、镶嵌以及销钉连接、活铰连接等许多方法,制作精细,工艺水平极高。比如,铜车马是先将4条腿、尾巴、耳朵等部件铸出,然后接铸在马体上。铜俑身体和胳膊连铸在一起,头、手分别单铸,然后接铸在一起。还有右边马头上的缨络,它的名字叫纛,是将青铜拔成丝制成的,这可是皇帝乘车上才有的标志哦!特别是两辆车的篷盖,分别是圆及椭圆拱形,厚度在0.1厘米到0.4厘米之间,均是一次铸造成型。面积如此大,铸壁如此薄,形体又如此难把握的拱形青铜铸件,在2000年前被制作出来,真是令人赞不绝口。

铜马、铜俑比例准确、造型生动。铜车马上的8匹铜马的耳朵尖尖就像削过的竹子,眼睛大而有神,头部方正,背部宽阔平整,胸部肌肉隆起,如同城墙一样厚实，4条腿细而长，马口微微张开，口鼻周围的皱纹清晰可见，马鬃丝毫不乱。铜俑的形象更加逼真。它们的表情严肃恭谨中似乎又透出一丝轻松微笑。也许是因为一方面为皇帝驾车责任重大，一点儿也不能马虎，另一方面难免心里还有点得意洋洋呢！

  铜车马从彩绘效果看异常醒目，分外抢眼；从绘制技法看线条遒劲，一气呵成；从颜色搭配看主次分明，色调和谐；从构图形式看线条简洁，华丽典雅，颜色的搭配和运用十分到位。铜车马上的彩绘，乳白的底色大都脱落。车舆内外有色彩斑斓用红、紫、蓝、绿、黑等颜色绘成的云气纹、几何纹、夔龙纹等，看上去明快、典雅，真是工艺精致，巧夺天工。雄健的铜马，也有金银配饰，如金银项圈、金当卢、金银泡等，明光闪闪，异常耀眼，马的络头是一节金、一节银，共有119节扁平长方形金银片交错串联而成。链条式的辔绳，虽是铜质材料制成，但看上去弯曲柔软，灵活自如。车驾连衡两端的轭钩上，也刻满了银色的花纹，可以说写实艺术渗透到车马塑造的各个环节。袁仲一先生认为，在青铜器上彩绘是秦代的一个创举。这一非凡的创举标志着秦代已经突破了殷周时代在青铜器上铸纹和春秋战国时代金银错的局限，在中国美术史上占有重要的一地位。

秦始皇巡游

秦始皇统一中国后,先后有五次大规模巡游,巡游时威风凛凛的场面,令人羡慕又向往。据文献记载说,始皇端坐在六马系驾的"金根车"上,文武百官分坐后面的81辆属车,前车蒙虎皮开道,后车悬豹尾扬威。整个车队浩浩荡荡,好像一条长龙,十分壮观威风。汉高祖刘邦看到车队时,曾羡慕地说:"大丈夫就应该这样!"西楚霸王项羽更是胆大地对叔父项梁说:"你可以取代他!"韩国公子张良为了报秦灭韩之国仇,在秦始皇第三次出巡中,雇佣大力士埋伏在阳武博浪沙(今河南中牟)。当长长的车队经过时,张良用120公斤重的大铁锤砸向秦始皇帝的车驾,结果误中华丽的属车,行刺没有成功。2000多年过去了,人们只能根据历史文献的记载想象秦始皇帝车队的宏大场面。秦陵铜车马出土后,经过专家长达八年的修复,人们终于可以通过铜车马看到了始皇銮驾的风采。

铜车马的铸造
环环相扣的工艺

战国—秦（前475—前206）

一号铜车马长225厘米，高152厘米，重1061千克
二号铜车马长317厘米，高106.2厘米，重1241千克
1978年出土于秦始皇陵西侧

《周礼·考工记》记载："故一器而工聚焉者，车为多。"就是说做一件器物，使用工种最多的就是车。秦陵铜车马集各种工艺、技巧与一车，它是秦始皇统一中国后，科学技术进步的具体体现。

我们想想看，在两千年前没有电作动力，没有机床，仅靠手工劳动竟能创造出这样的奇迹，怎能不让我们敬佩？铜车马复杂的结构，精湛的技艺，超过了以往出土的任何青铜器。难怪人们称它是"青铜之冠"。就连英国女王参观后都惊叹地说："铜车马比我宫廷的马车还要好！"美国前

错金银金钉

总统克林顿参观中听说是秦俑博物馆的专业人员成功地修复了这套铜车马时，十分激动。他说："这样一组文物的修复，是一个伟大的劳动，真是不可思议！"日本观众在参观完后，挥笔在留言本上写道："兵马俑和铜车马是一棵古树上盛开的两朵花，它们是互相辉映媲美的。兵马俑是以它那雄伟的军阵和千军万马的气概取胜的，铜车马则是以它那精湛、神妙的冶金工艺感人的。它们给人以两种截然不同的感受。妙极了！我为这一历史性的考古发现深深感动。"

两乘车均为双轮、单辕、四马驾车。每轮有30根辐条。这种构造正与中国古人所说的天圆（车盖）地方（车舆）三十日为一满月的意思相符。驾车的四马，中间两匹叫作服马，两边的两匹叫作骖马。马额上有金质的当卢，胸前有铜丝做的璎珞。四匹马的马辔、项圈都是用金、银管连接而成的。车的辔绳及其他绳索为铜管或铜片连接成的。整个铜车马的铸造完全按照秦代宫廷乘舆的实物制作的。

我们以铜车马的铸造工艺来看。车篷盖面积达2.3平方米，如此巨大的篷盖，竟然是整体铸造成型，并且浇铸的相当均匀，最薄的地方只有1毫米，最厚的地方也不过4毫米，完成这样的铸件，即使在今天，也不是一件容易的事。

铜车马的连接工艺堪称奇迹。马车上的辔绳采用子母扣连接和销钉连接，类似于今天手表表带的连接工艺，此外，铜车马上还有很多零部件的连接，都和今天的项链、装饰品的连接有异曲同工之处。在一号车上有一个高高竖立的铜伞的伞杆和伞座，我们可以一起来寻找一下固定伞杆的两道机关。伞座古称俾倪，由座杆和十字形的底座两部分组成，两道精妙的机关就分别在座杆和底座上。座杆上端装有一套锁销装置，它类似于门锁上的锁舌，只要提动锁销，拉开铜环，伞杆就可以被放入其中并固定起来。另一道机关位于底座上，底座上装有一个曲柄销，很像今天使用的插销，当曲柄销从暗槽中伸出，就可以把伞杆下端牢牢固定。这些精巧的设计，一直被传承并沿用至今。

面对着铜车马，我们会惊叹于它优美的整体造型和精良的制作工艺，惊叹于它奇巧的设计原理和淡雅的色彩搭配。不管是马头上金光闪闪的金银络头，还是马颈下细如发丝的穗状璎珞，不论是马身上缠绕的宛若真实皮质做成的各种辔绳，还是那苍穹似的、制作精巧的车篷盖，那封闭严实的车厢以及车厢四壁绘着的浅绿色的、淡淡的、一个接一个、一环套一环的菱形花纹，还有变形夔龙夔凤纹和遍布整个车厢上下的丝丝缕缕的、虚实相间的云气纹图案，都给人留下了深刻的印象。

铜车马上零部件数量多，形状各异，挑战了金属铸造与组装的技艺。大体量的修长构件采用空心铸造法，宽而薄的则使用铸锻结合的工艺，复杂的组件被分解成简单的元件单独制作，再通过活页、子母扣、销钉或纽环连接合为完整部件。严密拼接的青铜车马再现了大秦制造的优良品质。

那些复杂的结构是怎样设计出来的？是不是有专业的图纸？那些准确的比例是怎样计算出来的？是不是使用了特殊的计量工具？那些繁多的零

● 铜车马修复工作照

件是怎样组装起来的？是不是采用了特殊的粘接材料？这惊世的铜车马在带给人们无数惊喜的同时，也留给今人无限的遐想空间，还有许多无法解开的谜团。

铜车马不仅造型模仿秦代真车，而且彩绘更显示出了皇家车子的华丽。铜车马彩绘以蓝、绿、白三色为主，白色最多。铜马通体白色，鼻孔、口腔处绘成粉色。铜俑脸和手心为粉红色，头发为蓝黑色，衣服为天蓝色。铜车的特征是在白底上彩绘菱形、方格等几何纹及云纹等，安车上还有一种变形的夔龙、夔凤图案，分组成对，上下翻飞，采用堆绘的技法，也就是线条画得如同浮雕一般突起，十分真实、自然，富有立体感。

两乘铜车马是当时技术含量最高的青铜艺术品，也是昔日帝国辉煌的真实记录。中国的青铜时代历经千年，灿烂的青铜文化辉耀世界。

乐府钟
历经磨难终寻回

战国—秦（前475—前206）

高13.3厘米
1976年出土于秦始皇陵西侧饮官遗址

秦乐府钟是国宝级文物，考古学家袁仲一于1976年发现于田间，后入藏陕西省历史博物馆，1986年不幸在展览中被盗，辗转诸国，中国政府遍寻不得。1996年在香港发现，案件告破。此钟终归秦始皇帝陵博物院，是镇馆之宝。

1976年冬季，刚过了春节，考古学家袁仲一先生留守工地，吃过早饭后，他照例到秦陵周围转转，据袁先生回忆说："到了秦陵的西北角，农民挖土挖出个断崖，离十米左右的地方，我看到指甲盖大小的一块绿色的东西，

乐府钟

乐府钟（侧面）

自然走近去看，想看看是什么东西。我出去的时候一般都带着考古发掘工具，用小手铲将土一拨开，底下有个陶案，陶案上面是一个钟，错金错银，上面还有'乐府'两个字。"

经过音乐家吕骥测音，属于标准的定音钟，宫声C调，里面有四个调音带，调音定音的。钟上面有两个字——乐府，过去说乐府都讲汉乐府，这个钟的发现，说明秦代已经有了乐府，这在学术上是有跨时代意义的。钟外面是错金错银的花纹，里面是铸造出来的精细花纹，全国就这一件，再没有第二件。

乐府钟出土后，学术界极其重视，音乐家扣响了它2000年后的第一声，可惜也是最后一声。以后，它经历了得而复失失而又得的曲折过程。1986年辗转12年后的1998年，这枚被盗卖的瑰宝，在香港出现，经国家有关部门斡旋，这枚国宝安全返回陕西，现珍藏在秦始皇帝陵博物院。但犯罪分子在盗窃文物后挫掉了"乐府"二字，给文物价值造成了极大损害，留下了永难弥补的遗憾。

历经磨难的乐府钟从发现、展出到丢失、回归，还有一段传奇故事。

乐府钟入藏陕西省历史博物馆之后不久，就在该馆的西边展室展出。1986年10月，一只罪恶的黑手将它盗走了，为了寻找文物，专门成立了专案组，国家给所有的海关下通知，防止此钟从中国流出。直到1996年，偷钟的人被抓住，得知钟已经被卖了，具体卖到哪里，小偷并不知道。这下惊动了国家安全部，他们把乐府钟的图片放大，印了很多张。让人拿着照片到各个国家去问。

1998年，国家安全部突然有了消息，说是香港有一个李姓收藏家得了一个钟，不知道是不是这个钟，希望派文物专家去看看。当时安全部的同志在中共陕西省省委连夜开常委会，说派人先看真假，要是真的就带回来。陕西省安全厅蔡厅长，安全处钟处长，考古所的吴振锋，秦俑考古队袁仲一四个人，就一起去香港。

据袁先生回忆说："在香港一个古董店里，我看了5个多钟头，为什么要看那么仔细，因为那个钟已经发生变化了。它上面原来有一点锈，去锈时候用酸太多，整体有点儿破坏。上面'乐府'两个字被磨掉了，最珍贵的东西被磨掉了。这里头牵扯个问题，这个钟是不是你丢的东西？如果不是，你认为是，那就成了笑话。如果万一是真的，你不认识，拿不回来，也是个问题。"

我就仔细看，仔细测量重量、高低尺寸，观察它的花纹，它上面有一个"鼻钮"，鼻钮两侧各有两条凸起的线，左边的两条线是完整的，右边两条线，一根是完整的，一根只有一半。这是铸造的时候留下来的，这一点只有我知道，别人是不知道的。另外表面错金花纹处好像被什么硬东西撞击了一下，留下一个小窝，撞击点很小，只有针孔儿那么大，这个撞击点还在。虽然"乐府"两个字被磨掉了，但字下面有一个因为铸造缺陷产生的小凹窝，还在。钟里面有四个调音带，调音带是锉磨调音的，锉的时候有一组花纹，几根线条被打破了，这个也在。"

"一屋子人围着看，包括咱们国家安全部的副部长，最后问我：'你看这是不是你儿子？'我把头一点，大家高兴地抱在一起照相。那个厅长说今天晚上庆祝，就定在一个酒楼，大家一起庆祝。但庆祝归庆祝，还有一个问题摆在眼前，这个钟还是收藏家的。我们就动员他，这个国宝级的东西能不能回到大陆？人家开始不愿意，说：'这个东西是我用重金从国外买回来的，已经在国外转了一圈了。'他不愿意给。情况当晚就汇报到外交部去了，回复说再做工作。最后工作做通了，这个收藏家把东西捐献了，没要钱。后来在8号院那个地方，开了一次会议，专门把收藏家从香港请来，为他颁发了证书。"

其实，秦陵附近农民也发现过铜钟，但他们都不认识，当作破烂卖，直到现在他们还有一个民谣说："袁家沟的人真闷怂，误把金钟当铜铃。""闷怂"是陕西当地方言，是骂这个人傻瓜的意思。

乐府与茜府

秦人的乐舞喜好

战国—秦（前475—前206）

乐府是皇家庆典和祭祀时管音乐的官署，茜府是管理皇家用酒的机关。无论是庆典还是祭祀，奏乐和饮酒往往是一起进行的。在秦始皇帝陵同样设有乐府官署，负责祭陵的歌舞事宜。

古人祭祀祖先，是人类早期的祖先崇拜，也是对有亲缘关系的亲人鬼魂的崇拜。这种祭祀十分隆重，有日祭、月祭、时祭。在祭祀中，上食上酒是不可少的，因此便有飤官官署及制酒官署。祭祀的地方是庙，是寝殿、便殿。庙在京师，寝殿、便殿在陵园中。祭祀时要奏乐，古代把礼和乐看得非常重要。孔夫子一生奔走呼号的，就是礼乐。他们认为"礼乐刑政，其极一也。"（《礼记·乐记》）礼和乐是不可分的，它们同法律、政治管理一样不可少。

据说，夔始作乐。秦国地处西北，早期的乐器比较简单，不过击筑、扣缶而已。秦、赵渑池之会，秦王（秦昭王）在饮酒时请赵王鼓瑟。并令史官记录：某月某日，秦、赵会于渑池，赵王为秦王鼓瑟。蔺相如看到自己的国王受辱，以死相逼，让秦王扣缶，也记录在案。扣缶实际上是敲瓦盆，可见秦乐的不发达。秦始皇爱听高渐离击筑，几乎被高渐离所刺杀。以后，秦国强大，东方各国的音乐逐渐传入咸阳，乐器发展有筝、铜栗、箫、篪、琵琶等。庙堂之乐，钟、磬不可缺少。凤翔秦公一号大墓中有石磬多枚。有了钟、磬，乐声便典雅肃穆。据说，秦始皇曾铸钟4枚，重12万斤，合现在30多吨。这些钟目前还未发现，也许有些夸张。秦陵中的乐器，除了军中指挥用的钟、鼓外，还发现有乐府钟，而更重要的是发现了秦陵的乐府遗址。1976年春节，考古工作者在秦陵封土西北约110米的地方，即飤官遗址以北，发现一口秦代乐府钟。它制作精细，充分体现了当时冶金工艺发展的高度。更重要的是，钟钮一侧刻有小篆字体"乐府"二字。它向人们解开了一个历史之谜。乐府是秦代的音乐官署，属少府管辖，有乐府令、丞。后人因为没有实物证明，经常认为乐府最早产生于汉代。因为《汉书·礼乐志》记载，汉武帝时"乃立乐府，采诗夜诵"。乐府钟的出土，从实物上第一次证明，乐府的最早建立是秦代。这是一个重要发现。它的乐调又经过现代音乐家实测，这对研究我国古代音乐史具有重要意义。

从乐府钟可以知道，在秦陵封土西北方向，曾仿秦咸阳都城的设置，建有乐府官署，有各种祭祀用的礼乐，同时有一批乐人。每逢祭祀之日，乐人奏起礼乐，钟、磬齐鸣，百官同祭，盛况可观。统治者在祭祀作乐，歌舞升平。这种歌舞为时不长，仅两年余，项羽到了骊山，便一把火烧毁了昔日歌舞地，尘灰也掩埋了乐府钟。

与乐府并存的便是茜府。民间有俗语道："无酒不成礼。"《汉书·食货志》记载："百里之会，无酒不成。"早在我国新石器时代遗址中，就发现过酒器。商周文献中记载酒的文字就更多了。《尚书》中还有一篇《酒诰》，声讨殷纣王荒耽于酒，在宫中建"酒池肉林"，群臣效法，以致"庶群自酒，腥闻在上。"酒不但是生活用品，更重要的还是吉庆礼仪或凶丧礼仪中的必备物品。

秦人早年居于西北，好饮酒是自然的。秦穆公时，歧下野人杀穆公马而食，穆公还赐给吃马肉的人以美酒。国家大典及对外接待，都要有酒。重耳由秦国回晋，也以酒饯行。秦始皇也好酒。秦二世时，群臣提出，祭祀先帝庙，除献牛、羊外，献酒要献酎酒。酎酒是一种经过多次酿制、香醇无比的好酒。这种建议，当然是投帝王之所好了。修建秦陵时，管理制酒的官署很自然地便在秦陵陵园中占了一席之地。1986年9月，考古人员在秦始皇陵北的吴中村，发现了一个陶盘，高7.2厘米，口径34厘米，上面刻有三行文字："一斗二升丽山茜府。"一斗二升是这个陶盘的容量。秦代一斗，约折合现在2 000毫升，一斗二升约为2 400毫升，也就是相当于现在两瓶啤酒多一点。古代饮酒以斗计量，直至唐代，李白还是"斗酒诗百篇"。丽山是丽山园的简称，即秦陵陵园。茜是用茅草滤酒，使酒

铜方壶

清醇无糟，就像现在农村老百姓做醋那样。茜府是做酒的管理机构，长官为茜府令。这就是说，为了祭祀需要，当时在秦陵陵园中还有做酒的机构。

如果向前追溯，在秦始皇的祖先建都的雍（陕西凤翔）的秦公陵园中，较早便出土过茜府铜壶2件，各容三斗。经实测知，每斗容积为1967毫升。这说明秦人祖先很早便在陵园中设立了制酒机构。在睡虎地竹简上，有关"喜"的竹简上还有这样的记载：秦军在战前和战后，都要大量饮酒。可以想见，大碗喝酒使血流加快、神经亢奋。当作战命令已经下达，战争即将开始时，士兵们要么战死疆场、要么加官晋爵。在这种时刻，酒使所有的士兵只有一种冲动：奋勇杀敌、建功立业。在秦兵马俑坑中出土的绝大多数秦军士兵的腹部都微微鼓起，这大概与长期喝酒有直接关系。

秦始皇陵中不但有制酒的机构，在秦陵铜车马的安车中，有一个扁长方体的铜壶。高16.1厘米，宽13厘米，这该是供乘车人饮酒的鸱夷，即盛酒的器具。不过鸱夷是用皮做的酒袋。

祭祀用酒，行进中也用酒，可见秦始皇饮食中酒是不可缺少的。《礼记·乐记》记载道："酒食者，所以合欢也；乐者，所以象德也……"秦陵的乐府、茜府、飤官，都是根据这套礼法设立的，即《左传》所谓"事死如事生，礼也"。

青铜水禽
长生的追求

战国—秦（前475—前206）

长48厘米—66.5厘米
2000年出土于秦始皇陵K0007陪葬坑

2000年7月，在秦始皇陵东北5里的陈王村农民在打墓时发现一些"瓦人"。秦陵考古队连忙赶赴该村进行初步勘察。果然，一个平面为"F"形的陪葬坑得到确认。这一组陪葬坑编号为K0007，意即2000年发现的第七座陪葬坑。

K0007陪葬坑位于秦始皇陵外城东北角900米处。经发掘，清理出双层棚木、箱板、立柱及木结构榫卯关系等木结构遗迹，出土几十件青铜禽类文物，初步命名为水禽坑。像这样同类型的文物还未在秦始皇陵园及其他地区的秦代考古发掘中发现，实属罕见。

2001年8月8日,秦始皇陵考古队开始对七号坑进行局部试掘。9月5日,在过洞中部偏南处发现一件青铜器,初看上去像是一个管状物,再往下挖,慢慢地露出大形,原来是水禽类的动物,共发现十多只青铜禽类。在这里,原大的青铜仙鹤、天鹅、鸿雁一一"浮出水面"。到2003年,陆续发现青铜水禽类文物44件。这是近年来秦陵陪葬坑考古发掘中保存较完整的重要迹象,为更准确地了解秦始皇陵园的陪葬坑内涵及其建筑结构提供了珍贵资料。

K0007陪葬坑平面呈"F"字形,是由一个斜坡门道、两条南北向过洞以及一条东西向过洞组成的,总面积约925平方米的地下坑道式土木结构的陪葬坑。经过对I区的局部发掘发现,该陪葬坑曾经过大火的焚烧。青铜禽类文物其个体大小不同,动作姿态也多种多样。这一惊人的新发现引起人们的关注和兴趣,那翩翩起舞的天鹅是从哪里来的?那天上飞来的鸿雁有几只?那仿照水边营造的场景是做什么的?

在已发掘的部分中,出土44件原大青铜禽类文物,因火焚,大部分已经遭受到严重的破坏,且锈蚀较重,铜胎已基本无存。青铜禽类文物个体大小不同,动作姿态也多种多样。大者通长66.5厘米,小者通长48厘米。依铜禽大小不同,其脚下站立的青铜踏板也随之变化。从出土遗迹分析,这些文物原来是放置在过洞两侧夯土台的垫木上。目前已能判断出有仙鹤、鸿雁、天鹅等。那么,这些铜禽类文物为何随葬在秦始皇陵区内?其用意何在?

● 青铜鸿雁

青铜仙鹤

青铜天鹅

从地理位置上分析，K0007陪葬坑地处秦始皇陵外城以外区域，属于地下坑道式土木结构建筑，其过洞两侧以夯土构筑成放置器物的平台，并以方木铺垫，以箱板构成隔档，过洞顶部则以双层棚木封闭坑体。

这些青铜水禽均位于坑底两侧的垫木平台上，斜向成行排列。两侧垫木平台下有一条槽沟，似乎有水流过槽子，象征着潺潺流动的河水。这水有多深？水下有什么？那清澈见底的河水，那稀有的青铜禽类，给人以神秘莫测的感觉。众多的水禽，或嬉戏，或栖息，或寻食，姿态各异，怡然自得。

经修复可知坑内有天鹅14只，鹤1只，鸿雁16只。个别铜禽身体上还能看出清晰的彩绘痕迹。发掘资料表明，出土水禽的地方原来有一个水池，这些水禽非常整齐有规律地分布在水池两边的台地上，有的觅食，有的小憩，动作各异，但头部都面向中间的水池。考古工作者推测这应是模仿水禽生活的场景。按尺寸推算，这些水禽应该是原大。

在这些水禽中，鸿雁体长一般为48厘米，高40厘米。鸿雁多做平卧状。天鹅与仙鹤站立在长方形的青铜踏板上，双足下有云纹踏板。对于这种云纹装饰，有人推测云纹应当是秦始皇帝迷信升天思想的表现。他梦想有朝一日能够驾着足踩云朵的仙鹤腾空升天。

值得注意的是青铜仙鹤保存比较完整，嘴里还衔着一个青铜制成的小虫子。鹤身高77厘米，体长125厘米。青铜天鹅的平均体长是57.6厘米，身高在27.5—47.5厘米之间。

在这个坑的另一处，出土大型陶俑15尊。从已修复完毕的两尊看，一尊呈箕踞坐姿，也就是直身坐下，双腿向前平伸，上身前倾，双手自然放在双腿上，左手微微握住，掌心向上；右手半握，掌心向下。从迹象观察，该俑左手应持一长形东西，似乎是乐器类物品，右手向下拨动乐器上的弦索，好像正在演奏乐器。只见它头戴布帻，身穿长襦，下着长裤，腰间系革带，右腰处悬挂着长方形的扁囊，头部微微下垂，神态十分专注；另一尊是跪坐姿态的陶俑，左臂自然下垂，双膝跪在地上，左膝前伸，右臂微曲上举，拇指平伸，其余四指半握。从该俑的姿势分析，右手中原来好像拿有一个长方形的物品。这尊俑与前件一样，头戴布帻，身穿长襦，下着长裤，腰间系革带，右腰处悬挂着长方形的扁囊，脚穿布袜，目光下视，面部表情宁静祥和。其他15尊俑还在修复中，它们是一组乐舞艺人，这应该是没有疑问的。

文献记载，秦代的音乐很发达。相传在秦穆公时期，萧史善吹箫，天鹅闻箫声便自动飞来，并随着箫声列队起舞。秦以前就尝试着用音乐去训练动物尤其是禽类。那么七号陪葬坑绝对不是简单地表现养鸭子或养天鹅的场景，它应该是表现一个更高雅的氛围，可能就是用音乐这种形式来模仿宫廷里的一些场所或一个机构，应该是一组升仙乐舞图。秦始皇在令人设计他的陵园时，专门在陵北修筑有池沼。这一点，是继承了周人的习俗。周建都于长安，周文王在长安西15公里的地方筑有灵沼。所谓的灵沼，就是在灵囿中修一个大水池子。既然秦陵是按照咸阳城的形式布局的，那

● 卧姿天鹅

么，在陵园中也应该有灵沼的设置。据此，研究者认为陵北的水禽坑就是这样的池沼。

关于秦都咸阳在都城中修建池沼的记载，文献没有可靠的资料。大概是因为渭水贯通咸阳城，以象牵牛，所以未建池沼。但是，汉代在长安城有很多池沼。例如汉昆明池，池中有二石人，牵牛、织女立于池的东西，以象天河。昆明池北有镐池，长安城西有太液池。太液池中刻石为鲸鱼，池中建有三座小山，名为瀛洲、蓬莱、方丈，刻金石为鱼龙、奇禽、异兽之类。《西京杂记》一书中说："太液池……池边多平沙，沙上有鹈鹕、鹧鸪、鵁鶄、鸿鷃。动辄成群。"太液池中也有很多水禽，在规定的时间作乐，以求福寿。

秦陵北水禽坑的功能与太液池等的功能一样，既能玩乐，又能祈神。秦始皇统一六国后，听说东海有三神山：蓬莱、方丈、瀛洲，于是派人赴东海求长生不死的药。由此可见，在追求长生这一点上，汉武帝同秦始皇一样，他在太液池中筑起三神山，也有求长生的含义。秦陵北水禽坑，就是为了祈福、祈寿，求祥瑞。这里有仙鹤、天鹅等瑞鸟，还有乐人奏仙乐、唱仙歌，真是其乐融融。缥缈的仙界高居天宇，不灭的灵魂周游其中。2000多年前人们编织的天国梦想，已经永远凝固在这里。

飤官遗址
受祭歆享如生时

战国—秦（前475—前206）

秦汉官制中有"奉常"一职，负责宗庙礼仪事务，其属官有太乐、太祝、食官。其中的食官负责寝园的膳食。秦汉之际，供奉皇帝灵魂的祭祀活动十分繁杂。《汉书·韦贤传附韦玄成传》云："日祭于寝，月祭于庙，时祭于便殿。"寝，日上四食；庙，岁二十五祠；便殿，岁四祠。"加上各级管理人员和役从，食官及下属的日常工作任务是非常繁重的。

秦始皇帝陵设有飤官。飤即饲，飤官就是掌握墓主人饮食的官员。古人认为人死后做了鬼，仍然要吃饭。进奉饮食的飤官官署是为侍候皇帝吃饭而设置的机构。《左传》中说："鬼犹求食。"所以，秦始皇在陵墓布置中也把吃饭的机构考虑在内，而且考虑得非常周密。

● 飤官建筑遗址

秦陵的飤官官署,位于封土的西北方向,在内城之间。1981年,考古人员在此发掘了2000多平方米的飤官遗址,出土了大型陶瓮、陶甗、陶盆、陶罐等。其中有5件陶罐盖子上刻有"丽山飤官""丽山飤官左"等文字,说明这组建筑就是秦陵飤官的官署。在陵墓上,飤官仍然像对待活着的皇帝一样,每天都要给皇帝进献食物。飤官官署应该相当于明清时期皇帝的"御膳房"。

1982年，考古工作者进一步发掘秦陵飤官遗址。结果表明，飤官遗址是一组高台建筑，夯筑地面，光滑平整，粉白的墙壁，整齐的重檐建筑，巨大的储藏室，表明这里是精心处理过的。由此可以想象，秦代当年在这里修建的房屋非常高大，房子周围有土筑的、瓦铺的路面，还有渗井和井。井上有砖铺的四方井台，井壁用大型井圈箍起，深达16米便可见水。渗井上未见井圈，井壁周围依稀可见打水时的脚窝。遗址内出土有铜马蹄、铁链铜镞、铜台灯、铜权、铁剑等。那么，这是什么建筑呢？

当考古人员小心翼翼地清理出一件陶罐的盖子时，才知道这组建筑的名称。原来，这件陶盖上清楚地刻着"丽山飤官""丽山飤官右"的字样，说明这就是秦陵的飤官建筑。

"飤"，即现在的"饲"字。飤官，《汉书》称作食官。所以，飤、饲、食三个字，在这一用法中是同音同意的。所谓飤官，在秦代中央归詹事所管，是供应皇帝饮食的官员。飤官的长官叫飤官令，属于六百石的小官，但却是侍奉皇帝饮食的重要角色。在这里，他们仍然像侍奉活着的皇帝一样，每天按时给皇帝进献食物。令下有左右丞，协助飤官令管理具体事务。秦始皇帝陵在秦代叫"丽山"，秦始皇帝陵园叫"丽山园"。所以，秦陵上的飤官叫"丽山飤官"。

考古发掘表明：飤官官署遗址是一组高大宏伟的建筑，面积约2000平方米。地面上有用木头砌成的墙，上面铺着木板，大概是用来储藏食物的建筑。其余地方，有放置盆、罐、瓮等储藏器物的。有摆放做饭用的炊具盆、盘、罐等的地方。炊具齐全而且很多，还有一类陶器，底及边部有直径1厘米的小圆洞，应该是蒸食物用的甑。

非常可惜的是，这组建筑全部被火焚烧了，遗址内的木头全部变成了黑炭。有些瓦片被火烧得膨胀变形，好像面包一样，又轻又虚，很大的一块，拿在手里却没有分量，可见当时火势之大。《史记》曾记载，秦朝末年，项羽到咸阳，放火烧了始皇陵。看起来，饮官遗址也没能逃过那次洗劫。

先秦时期便在墓上设立"冢人""墓大夫"。《周礼》在规定："冢人掌公墓之地""墓大夫掌凡邦之地域"，就是说必须有官员带领一些人守护墓地，防止他人破坏。云梦睡虎地秦墓竹简《法律答问》中问：甸人做什么？答：甸人是守孝公、献公冢的人。原来，秦始皇的老祖宗已经开始在墓上设有守护的人了。以后，这种制度更加完善，有陵园令、丞及校长、食官令等。陵园令是负责陵园工作是行政长官，陵园丞是副职，校长是保卫陵园的士兵长官。食官令是按照初一、十五等节日祭祀的长官。文献记载说，汉武帝茂陵的陵园管理人员有5000人，仅守卫陵园门户的就有30余人。这些人的任务主要是守陵、打扫陵园、管理花草树木、按时祭祀等。

1995年在拓展临潼到马额的公路时，发掘了一座坐北朝南、东西长31米、南北宽4米的建筑遗址。遗址北墙夯土残高40厘米，由南北向夯土隔墙的数量分析，该遗址面阔5间，进深4米。

秦始皇陵园中设有哪些官职？守陵人有多少？文献没有确切记载。但有一点是肯定的，那就是在秦始皇陵园中也有专人负责以上事务。他们工作和居住的场所，就在秦陵的内外城之间、陵园外城西侧及北侧，这些区域都曾发现有大面积的房屋建筑，无疑都是守陵人员的居处。这里出土的器物有生活用品陶盆、陶瓮、陶罐、陶钵等，生产用具铁铲、铁插、铁锤，还有兵器铜镞、铁剑、铜矛等，房屋的院子里有渗井、水井等。

从出土带陶文的残器上，可以看到"丽山飤官左""丽山飤官右""六厨""八厨"等，说明秦陵和汉代帝陵一样设有飤官，掌握望晦时节的祭祀。"六厨""八厨"等编号，反映了陵园供厨数量的众多，可以想象，如此巨量的膳食供应，一定会有很多服务人员。此外，在该遗址内出土错金银乐府钟一件，说明祭祀时有乐府的乐人奏乐。

百戏俑
鲜活灵动的宫廷艺人

战国—秦（前475—前206）

1999年出土于秦始皇陵百戏俑坑

　　1999年5月，在秦始皇帝陵东南方向的内城之间，发现了一个东西长40余米，南北宽15米，面积为700平方米的陪葬坑。经试掘，出土了一批形象不同于兵马俑的、非常罕见的陶俑。坑中出土的11件陶俑大多数上身赤裸，只穿彩色短裙，手势姿态各不相同。这些造型奇特的陶俑，从其装束和姿态看，都是秦陵地区从未出现过的一种新的形象。这一重大发现表明，秦人不仅有奋不顾身的刚勇，还有着多姿多彩的生活内容和追求美好生活的理想情趣。

● 1号百戏俑

2号百戏俑

3号百戏俑侧面

根据文献的记载与陶俑生动的形象推测，他们很可能是为宫廷表演举鼎、持杆、摔跤等娱乐活动的百戏艺人，称为百戏俑，是供帝王休闲娱乐时表演舞蹈杂技的人员，属于百戏俑。在同一地方还出土有一尊大铜鼎，无盖。从出土的陶俑和铜鼎来看，它生动地反映了秦代的娱乐文化的一部分。

所谓百戏，是指古代的散乐杂技，包括扛鼎、角力、俳优等。这些娱乐活动兴起于春秋战国，盛行于秦汉，包括各种杂技、幻术、戏剧、乐舞等。据记载，秦始皇收六国乐舞于都城咸阳，于是咸阳就成为一大文化交流中心，也成为百戏的表演中心。秦咸阳宫出土的壁画中如实反映了宫廷宴会上百戏表演的节目，其中有一幅表现的就是缘竿之戏。壁画出土于秦都咸阳第三号宫殿遗址，在东壁第五间下半部的画面上。所谓缘竿之戏，就是爬竹竿。秦宫廷中一定会经常表演这类杂技节目，所以，秦始皇才会在死后把这种娱乐项目照搬到陵墓中，供其在阴间继续欣赏。百戏起自军中的讲武活动，到战国末期和秦汉时代也只是宫廷中的娱乐表演节目。据说汉武帝时，专门在当时的都城长安举办了一次大型的百戏演出，允许官员及长安的市民前往观看，百戏逐渐向民间发展。秦之后，百戏杂技节目历经汉唐，直到明清，不断发展变化，品种日益丰富，到现在已经成为一项专门的娱乐休闲活动。随着时代的发展，节目的难度不断增加，惊险程度越来越大，吸引力越来越强，便成为杂技。

百戏俑上身赤裸，下着彩色短裙，肌肉饱满，孔武有力。有的作扛鼎状，有的作持杆状，有的作摔跤状，透出一股勇者、健者的强烈生命气息。

4号百戏俑

5号百戏俑侧面

推测它们可能是为宫廷提供娱乐表演的百戏俑。从已修复的6件百戏俑看，俑的类型有扛鼎俑、寻橦（高竿的竿技）俑、旋盘（杂技中的转碟）俑、角抵（角力）俑及轻功技巧型俑等。

与秦陵兵马俑相比，秦陵百戏俑透着一股鲜活灵动的气息，充满生命张力。史书记载说，秦汉百戏受到域外杂技的广泛影响。已经出土的百戏俑中有6尊得到修复。其中3号俑头部缺失，俑为站立状，上身裸露，下着短裙，造型略呈S形，左腿前迈，左臂下垂，左手紧扣于腰带上，右臂上举，挺胸鼓腹，身强力壮。5号俑也缺首，呈立姿，鼓腹，裸上身，着短裙，双脚分开，双臂垂于腹前，双手握前搭，体格硕壮稳健。6号俑头部缺失，上体裸露，下裹短裙，左臂上举，右臂垂于腹前，两膝微弓，左腿前迈，体态匀称劲健。

从俑的造型、动态以及同坑伴出的一件大铜鼎推测，3号俑可能是百戏中扛鼎的角色。5号俑左臂与躯干间有一条约10厘米的空隙，其下相对应的左侧裙部也有一垂直空隙。据此，专家们推断5号俑左臂内侧空隙处原应插着一根竿状物，该俑应是百戏中的持竿者。

百戏俑的造型与此前出土的兵马俑以及秦陵出土的文官俑不同，一种是静态处理，一种是动态造型，两种不同的造型方式当然会产生不同的艺术效果。2000多年后的今天，当考古人一层一层、一点一点剥离掉陶俑身上的泥土，当这些陶俑向人们展露真容的那一瞬间，看上去，它们的呼吸好像从来没有停止过。百戏俑和铜鼎生动地反映了秦代的娱乐文化活动。

这种娱乐是专门为帝王宫廷而设立，供皇帝和臣子们欣赏的。

另一个陶俑的右臂弯处，有一根木质长棍，似乎是抉卢运动员的模拟。这些姿态丰富的百戏俑展露出多姿多彩的热闹场面。还有一件百戏俑身材匀称修长，造型充满了动感。它右腿弯曲，足尖点地，右臂向外打开，食指上指，顶端还有一个小孔，原来可能插着一个小棒之类的物品。但是，它缺失的左臂使我们无法准确判断他的动作，是跳跃的瞬间？还是一个跨步？举起的右臂旋转的是盘子？还是手帕？

近年来，考古工作者在修复百戏俑的过程中，又发现两件身着上衣的泡钉俑非常特殊，衣服上有排列有序的圆泡，同时还带有精美的纹饰。它们有可能是表演团队中的核心人物或者领导者。在第三过洞还出土了一件长32厘米的巨型陶足残件。32厘米就是今天的54码，而长着如此巨足的巨人，身高应该超过篮球明星姚明了。其中一位大力士右臂上举，挺胸鼓腹，双腿分张，给人以千钧难撼的感觉。从它全身紧绷的肌肉可以看出，它的右手正在托举着重物。根据俑坑中出土的一件青铜大鼎推测，它举的很可能就是鼎。鼎是中国古代最重要的青铜器，"力能扛鼎"是对一个男子的最高赞誉。

这里不仅有力举千钧的举鼎俑，充满动感的旋盘俑，还有新发现的巨人俑和泡钉俑。这些俑仿佛一把打开秦人艺术世界的钥匙，透过它们，我们可以想见秦人积极乐观的生活情致。百戏俑、兵马俑共同使得举世震撼的秦始皇陵内涵更加丰富，更加具有穿越时空、超越文化的艺术魅力。

◉ 6号百戏俑

这批百戏俑的造型风格与兵马俑及中国传统的人体造型风格不同，俑的上身、四肢和足赤裸，仅在下身穿长度及臀下的短裙，使人能真切地、无遮挡地看到人体筋骨、肌肉的自然形态美，令人耳目一新。

扛鼎俑、寻橦俑、角力俑是大力士的形象，身材高大魁梧，四肢粗壮，肌肉结实发达，虎背熊腰，立如铁塔，全身洋溢着阳刚之气，蕴含着内敛内聚的强大力感和稳固感，有千钧难以撼动之势，显示了男子强健的体魄和豪爽粗犷的气质。

秦娱乐文化

元杂剧《临潼斗宝》中记载："春秋五霸"之一的秦穆公为了彰显国力，曾在临潼举办斗宝会，楚国大夫伍子胥把秦穆公设置的千钧之鼎连举三次，借以威慑强秦。所以，"举鼎"不仅是挑战自身的体力极限，而且是一种展现大无畏气概的精神超越！

角抵，就是两个人角力，现在叫摔跤。秦二世时，不理朝政，整天除了酒色之外，便是在后宫观看角抵之戏。春秋战国时期，养士之风盛行，除谋士、说客等高级士人外，还有大量身怀一技的人物也在被养之列。秦统一后，角抵的游戏非常流行。

俳优表演，是当时十分流行的娱乐节目。俳优，即现在的单口相声，人一般个头较小，既不能扛鼎，也不能角力，只能凭借口舌的功夫，使主人高兴。传说在秦朝发生过这样一件事：秦始皇帝大兴苑囿，东到函谷，西到宝鸡。宫廷艺人优旃便对始皇说："这样做很好，苑囿中放上很多禽兽，敌人如果从东方来，就让苑中的麋鹿用角去羝他们好了。"秦始皇一听，便打消了修筑苑囿的念头。秦二世也很喜欢观看百戏。有一天，他想出来一个新花样，准备把咸阳城油漆一遍。宫廷艺人优旃听说后对他说："这样很好，就是皇帝不说，我们也建议您这样做。漆城荡荡，寇来不能上。"二世也取消了漆城的想法，这便是俳优这类人物的作用。他们用幽默的语言，滑稽的行为，逗人发笑。

彩绘跪射俑
训练有素的士兵

战国—秦（前475—前206）
出土于秦始皇陵兵马俑二号坑

在秦始皇兵马俑气势磅礴的军阵中，有一类陶俑数量不多，但是形制很特别，制作也很精致，这就是跪射俑。与大部分步兵俑的站立姿势不同，跪射俑左腿曲蹲，右膝着地，双手置于身体右侧作握弓弩待发状。

跪射俑发现于秦兵马俑二号坑。二号俑坑位于一号坑的东北侧，三号坑的东侧。该坑平面呈曲尺形，东西长96米，南北宽84米，总面积6000平方米。坑内陶俑种类主要有骑兵、鞍马、战车和步兵（包括弩兵）等。跪射俑出土于二号坑东端的弩兵阵中心，共计160尊，造型独特，制作精美。

这件跪射俑身高128厘米，它身穿战袍，外披铠甲，制作比起一般的陶俑更加精细，对表情神态和发髻、甲片、履底等的刻画生动传神。在跪射俑附近还出土了大量铜镞、腐朽的木弓遗迹和少数铜剑鞘头等，证明跪射俑原本持有弓箭和铜剑。

跪射俑

我们知道，弓弩的射击方法有立姿和跪姿两种，在秦俑二号坑中有跪射和立射两种姿势，在列阵射击时要轮番射击。古文献中记载"临敌不过三发"，"三发"有三次的意思，就是说，弓弩兵一次最多射三箭。立起射三箭后蹲下，蹲跪的弩兵起立再射三箭，如此相互交换。所谓一起一伏轮番射击，矢如雨注，敌人无法逼近。

跪射俑是秦弩兵的一种，它充分印证了秦军在冷兵器时代拥有弩兵兵种的历史事实。这种具有射程远、命中率高、杀伤力强的兵种在秦的统一战争中发挥了不可估量的作用。跪射俑是古代步兵战术动作的生动图谱，对研究秦汉兵种具有深远意义，是研究中国兵史的珍贵资料。

这件跪射俑身着铠甲，甲片的叠压符合实战的要求。胸部的甲片是上片压下片，腹部是下片压上片，臂甲也是下片压上片，这样的叠压方式和人体的运动方向一致，无论弯腰、扩胸或抬臂都灵活自如，生活中的甲衣编缀方法一定也是这样。再看头发，当时男士都留长发，他们认为发肤受之父母，蓄发是对父母的尊敬，我们看小辫儿的编结方法和发带的花结就一目了然，照着它，我们也可以梳出这样的发型来。由于他是单膝跪地，一个鞋底自然暴露在我们眼前，大家看脚后跟和脚掌的针脚密，脚心疏，完全符合脚掌的受力原理，我们现在纳布鞋的千层底也是采用这种办法，既省工又耐磨。再看，鞋带穿过鞋帮上的三个襻，系在脚面上，完全解决了鞋子不跟脚的问题。工匠们严格按照生活中的细微末节真实表现在跪射俑上，这种写实手法让我们看到了秦代军人的面部表情、服装穿着、武器装备等真实状况。

从跪射俑所处的位置看,这支队伍在军阵中具有举足轻重的作用,它比一号坑的前锋还要突出,其后面是一个较大的骑兵方阵,是整个军阵的左矩。一旦有敌人袭击,左矩这一支方阵由坐而立,迅速出击拦截,保卫大阵。这支跪射俑军阵挟弓带剑,立则疾走驱敌制胜,坐则如磐石坚不可摧。

众所周知,秦兵马俑的保护研究中的难点有二:一是土遗址的保护加固;二是陶俑残留彩绘的保护研究。从1990年开始,秦陵博物院与德国巴伐利亚州文物局合作,开展以上两方面课题的联合攻关。经研究,土遗迹保护主要集中在两方面:一方面是俑坑遗址的保护,另一方面是俑坑内出土兵器残迹的保护。秦兵马俑坑属于地下土木结构坑道式建筑,其构筑方式大致包括:开挖土圹、处理地基(包括抄平、夯筑)、夯筑隔墙、铺地砖、置地栿、立柱、置枋、棚木等等。在隔墙区隔出一个个坑道式空间——过洞,过洞内放置陶俑、陶马、木质战车等,覆土前棚木上铺以苇席,最后再用泥土覆盖起来。而在兵马俑发掘之后,土隔梁由于周边填土清除后产生的卸荷作用,以及暴露在空气中严重脱水,产生了很多裂缝,有些裂缝很宽,如不及时处理,将会有倒塌的危险。俑坑里面出土的兵器柄的残迹。这些兵器都是实用兵器,它的柄早期都是竹木材料制作而成,外面有油漆彩绘,也可能是用漆布包裹着。随着两千年时光的推移,除了这些彩绘还留下以外,其他有机质部分都被土置换了,保护有价值的部分残状就成为了一个问题。

由于陶俑是由陶土本身经过1050度高温烧制而成的，如果外界环境没有瞬间剧烈的变化，陶俑本身就没有太大的问题。关键就是陶俑身上彩绘的保护。兵马俑在秦代制作时都有彩绘，后来经历了战乱的破坏以及水淹土埋的影响，很多陶俑的彩绘在发掘当时就已经不复存在。残存下来的彩绘本身就弥足珍贵，因此保护难度也特别大。

要保护好陶俑身上仅存的部分彩绘，必须首先要了解彩绘是怎么形成的，它的制作工艺是什么，它的损坏机制又是什么。经过多年研究表明，秦代工匠在制作兵马俑时，是在烧制完成的陶俑上涂一层生漆。漆干了之后，再涂上用动物或者植物胶调合后的矿物颜料。这就形成了彩绘，之后再把彩绘完成的陶俑放入俑坑。了解了制作工艺之后，通过与国外文物保护机构的合作，研究人员找到了彩绘脱落的原因：一种是在陶俑出土，剥离俑身上的土时，被土带走了；另一种是留在陶俑身上的彩绘脱水。脱水是因为生漆的老化，生漆是有机质，经历2000多年后老化严重。兵马俑从土中清理出来之后，干燥4—5分钟彩绘就翘起来了。而且彩绘的强度很低，就像一张纸被火烧过之后，形成的纸灰，一碰就碎。

对彩绘的保护主要围绕这两方面进行：一方面要求考古发掘人员在剥离土层时，千万不能把彩绘剥掉；另一方面针对彩绘生漆老化的问题，专门成立了科研小组进行保护研究。1997年成功找到了加固彩绘的技术。"秦俑彩绘保护技术研究"成果于2001年通过国家文物局鉴定，2003年获陕西省"科学技术一等奖"，2004年获"国家科技进步二等奖"。

绿面跪射俑

神秘莫测的绿脸

战国—秦(前475—前206)

高128厘米
1999年出土于秦始皇陵兵马俑二号坑

  1999年9月10日,考古工作者在二号俑坑发掘时,偶然发现一件非常奇特的跪射武士俑,这件跪射俑头,除发须、瞳仁是黑色外,脸部涂有绿色彩绘,这在秦兵马俑坑中首次发现。该俑头部微微向左转,梳圆形发髻,扎红色发带,发带末端呈扇形展开。身穿交领右衽齐膝长衣,外披铠甲,两肩有披膊。腿扎行縢,穿方口翘尖齐头鞋。绿面俑作蹲跪式,右膝跪地,右足竖起,足尖抵地,右足尖与地面垂直,左腿蹲曲。双臂曲举于身的右侧,双手一上一下作持弓弩状。右臂弯曲,手半握,拇指上翘;左

● 俑身上的陶文"得"

肘置于左腿上，左手四指微屈呈半握状。头和身体向左微倾，双目炯炯有神，凝视前方。

仔细观察这件绿面俑，陶俑身着铠甲，甲片为赭黑色，甲带为朱红色，甲钉为粉白色，袖口及衣领有天蓝色彩绘，护腿为粉绿色，尤其引人注目的是陶俑的发髻，不仅缕缕发丝清晰可见，而且将发髻的盘结方式和走向交代得清清楚楚，发髻、发丝为赭石色，面部施粉绿色彩绘，眼眉、眼珠及胡须皆为黑色，眼白部分有些泛红，双手为粉红色。俑前胸的左上方阴刻一个"得"字，应该是制作陶俑的工匠的名字。

我们知道，秦兵马俑在烧制完成后，均通体涂有彩绘颜料。彩绘施色方法是先在陶俑、陶马身上平涂一层生漆作底，然后再绘彩。用生漆涂抹作底，目的在于使俑体的表面滑涩相宜，吸水适度，既使于施色，又能增

绿面跪射俑

● 绿面跪射俑发髻

● 绿面跪射俑头部

强颜色的附着力。检测结果表明，陶俑的颜色厚薄不一，面、手、足部施色为两层，颜色较厚；其余部位施色一层，颜色较薄。陶俑的颜色系用毛刷刮抹，其痕迹至今依然清晰可见。颜色较浓的部位似用动物或植物胶作为调和剂。这种在陶器表面先涂生漆作底，然后再绘彩的工艺可能始于秦，盛于汉，汉代以后就比较少见。

秦兵马俑坑出土的陶俑，经过人为破坏和2000多年的自然损坏，今天绝大多数秦俑身上都只留有少许的颜色残迹，只有个别陶俑的色彩依旧比较完整。

这件绿面跪射俑迥然异于其他已经出土的秦俑的肉红色或粉白色面孔，色彩分明的绿脸、炯炯有神的双目给人们带来无限遐想。学者提出不同观点：一是化学变化说，持此观点的学者认为有可能是长时间埋藏，或有其他物质使其颜色发生化学变化所致；二是模仿说，持此观点的学者认为这是秦代工匠有意模仿某些肤色较深的真人来绘制的。三是巫文化说，持此观点的学者通过分析秦代"巫"的社会群体、社会功能、秦代巫术的种种表现及其影响后，认为绿脸俑是秦军中的"傩人"；四是武装说，持此观点的学者认为绿色是面部的武装装饰，不容易被敌方发现；五是恶作剧说，持此观点的学者认为可能是某个工匠的恶作剧所为。各种观点均有合理之处，但也存在无法自圆其说的缺陷。那么，以后的发掘是否将带来更多的神秘兵马俑，绿面俑能否再现，都十分令人期待。

总之，关于秦陵兵马俑的各种传说与猜测，表现了人们对于秦始皇陵、秦兵马俑的关注。不管这些传说和猜测的正确与否，都为今后研究提供了有益的参考，相信随着秦始皇陵考古钻探的进展和研究工作的逐步深入，一定会给社会公众一个富有说服力的答案。

石铠甲
青石做成的防护装备

战国—秦（前475—前206）
1998年出土于秦始皇陵石铠甲坑

　　1998年夏季，在秦始皇陵内外城封土东南200米处，发现了一处大型陪葬坑，这就是K9801陪葬坑，专家将它定名为石铠甲坑。

　　石铠甲坑位于秦始皇帝东南内外城之间，该坑东西长129米，南北宽105米，面积13 545平方米。目前考古发掘面积仅有153平方米，约为该坑总面积的1/9，已出土石质铠甲90领，石质兜鍪36顶。兜鍪就是头盔，也叫胄。它们并不是实战装备用的铠甲，而是为秦始皇陪葬用的明器。根据"事死如事生"的理念，专家推测，这个陪葬坑就是陵园内附属的皇家军备库。

　　甲是指身上穿的形似衣服的铠甲，用来防护身体。胄实际上就是我们俗称的头盔，用于保护头部不受伤害。一般把甲和胄合称为甲胄，也就是

复原的甲胄

我们俗称的盔甲。甲胄作为将士的防护性兵器，在冷兵器时代充当着极其重要的角色，类似于现代战争中的防弹服，可以较大程度地保护将士身体免遭敌方进攻性兵器的重创，进而能够增强战斗力，并给敌方以更猛烈地打击。甲胄的出现是和原始社会末期私有制出现、战争日益频繁、进攻性武器逐渐锋利等因素紧密相关的。目前考古发现，青铜制的胄到商代才出现，而青铜铠甲则是西周时才出现。春秋战国时期，军队仍以皮质甲胄为主，其间甲胄的形制不断得到改进，制作甲胄的材料亦多种多样，其防护功能逐步完善。秦代的甲在秦兵马俑坑出土的大批铠甲武士俑身上得以体现，铠甲武士身穿的泥塑陶质铠甲采用了浅浮雕的艺术手法，形象逼真。由于陶俑级别、兵种的不同，秦俑甲衣采用了不同的样式。甲片大小、叠压顺序以及联缀方法，都十分明显，是研究秦军防护装备的最珍贵的资料。

秦始皇陵出土的石铠甲，除了头盔外，铠甲有一类是似于秦兵马俑坑中将军俑穿的制作精细的鱼鳞甲。甲片薄如鱼鳞，加工精细。每件铠甲约由 800 片甲片组成。此类较少，目前仅发现两领。另一类是札甲，占的比例较大，约为 97%。这就是秦代武士们常穿的铠甲。这类铠甲中有两裆甲，即仅有前胸及后背的铠甲，护住前胸和后背；有前后甲、肩甲及披膊组成的铠甲，保护的面积更大，保护前胸、后背、两肩及双臂。还有一种是马甲，就是给战马做的铠甲，由马的颈部到全身，以便在作战时保护好马的颈部及背部。石胄保护住了佩戴者的头部，只露出双目和鼻子。

● 铠甲出土原状

这些石质铠甲、头盔、马甲的发现,生动形象地反映了秦代军人防护设备的状况。虽然秦兵马俑坑中的铠甲武士俑如实反映了秦军的服装和武器装备,但这些石铠甲则更具体、清晰,尤其是头盔及马甲。这在秦兵马俑坑中是没有的。

战国时秦国丞相、纵横家张仪宣传秦国军人的勇敢善战时曾说:秦国军队带甲50万、骑万匹,打起仗来不戴头盔,赤膊上阵,不穿鞋子,英勇冲锋,左臂挟着俘虏,右手提着人头。从这段描绘中展现了秦军将士不怕牺牲、勇敢作战的形象。

一般来说，两军对战，消灭敌人，但也要保护自己，才能有效地、更多地消灭敌人，最终取得战斗的胜利。如果连自己也保护不了，哪里能谈到消灭敌人？甲胄便是战士自我保护的必要手段。《诗经·秦风·无衣》便有："岂曰无衣？与子同裳。王于兴师，修我甲兵，与子偕行"的诗句，就是说：国王要兴兵打仗了，把铠甲、头盔准备好，咱们一块走吧！

中国的铠甲制造业历史悠久，《周礼·考工记·函人》中就记录了皮甲的制作工艺："凡为甲，必先为容，然后制革。权其上旅与其下旅，而重若一。"意思是，凡制作铠甲，必须先度量人的体型，制作模型和模具，然后压制甲片，要使上身和下身甲片的重量相等。经过专家考证，出土的大部分石铠甲属于札甲，编缀方式类似于古代的竹简木札。札甲损坏时可以通过更换甲片进行维修，另外札甲可以通过连甲带进行适当的尺寸调节，对士兵身材的要求比较宽松。

这件石铠甲由612枚甲片组成，甲片的形状分为圆形、梯形、覆瓦形等，均经过切割、打磨、钻孔，青铜丝编缀等工序制作而成。我们都知道，石片容易崩裂，即使在今天，要制作平均厚度5毫米，钻孔直径3.5毫米的甲片，也绝非易事。实验数据表明，以秦人每人每天工作8小时计算，手工加工一领铠甲人均就需要一年左右的时间，而目前石铠甲坑的发掘面积仅有很少的部分，陪葬坑内的铠甲和石胄到底有多少还无法知道，我们更无法得知它究竟耗费了多少时间和精力。但我们知道，今天人们所说的"工匠精神"，其实早已具体而形象地表现在秦人所制造的每一领铠甲，每一件石胄上。

从发掘现场看，那数以万计的方的、圆的、大的、小的石质甲片，层层叠压，如密集的鳞片，既美又壮观。它不仅使人大饱眼福，又提供了研究古代军事装备及秦陵陪葬制度的信息，意义重大，观赏性强。但是，它是冥器，不是实用器。第一，石质太重，一个秦武士如果穿上几十斤重的石铠甲，戴上几斤重的石头盔，那是不能打仗的，站立都受不了。第二，石质太脆，敌人兵器一击，便会纷纷破碎，起不到防护的作用。所以说，它是陪葬的冥器，伴于秦始皇帝陵旁，以示秦代军人装备之精。石铠甲坑的发现，又一次向世人展示了祖国珍贵的文化遗产，令人惊叹不已。

如果说秦始皇陵是一座内涵丰富的艺术殿堂，石铠甲的发现，可以说是一扇打开秦人武器装备世界的新的窗户。当我们凝视这件石铠甲时，我们眼前仿佛又浮现出秦人披甲执锐、浴血奋战的身影。

铠甲的历史

考古发现表明，最早的甲是在河南安阳出土的皮甲，有黑、红、黄、白颜色绘成的花纹，该地也出土过青铜胄。自殷以后出土的周、春秋、战国的甲胄就更多了。从文献及考古出土物看，甲胄的质地较早是皮质的，有兕皮、犀牛皮、象皮或牛皮、马皮。屈原在他的名作《国殇》中唱道："操吴兮被犀甲。"说明是用犀牛皮作的甲。秦代的甲似多用牛皮、马皮。睡虎地秦墓出土竹简中，记载有许多管理皮革的规定。如果管理人员所管的皮革发霉或被老鼠咬洞，都会受到不同程度的惩罚。因为皮革是造甲的原料，所以要严格管理。以后，铠甲逐步用铜、铁来制作。唐代诗人岑参诗中说的："将军角弓不得控，都护铁衣冷难着"等诗句表明，唐时已使用金属作铠甲了。近代一些民族，仍然用藤条作藤甲，就是为了防护身体。

秦俑的制作
塑模结合的工艺

战国—秦（前475—前206）

出土于秦始皇陵园兵马俑坑

在秦兵马俑一号坑的后端是修复区。观众在此可以看到修复过程中的秦俑形象，近距离地观赏秦俑。文物修复人员也从修复陶俑陶马中进一步了解秦兵马俑的制作程序和工艺。根据对陶俑、陶马破碎残片的研究，可知秦俑的制作是以塑为主，塑模结合，分件制作，精雕细刻，入窑烧制，烧成绘彩。

工匠们先用泥塑成俑的大型，即粗胎。我们以头部制作为例来看，制造工艺分为两个步骤：第一步先借助于模制成粗胎，第二步进行细部的雕饰和加工。俑头粗胎模制的方法有两种：第一种是单模和手塑结合法，即颜面部分用单模制作，脑壳用捏塑法把单模制成的颜面粘接在脑壳上；第二种方法是合模法。即将俑头分为大致相等的前后两半，分别用单片模制作，然后将两片单模相合粘接在一起成为头的大型。之后，工匠要在制成的大样上，刻出眼、口，贴上模制的耳朵，堆捏成鼻子，用减地的办法或贴小泥条的办法，做成胡须，刮去脸上的浮泥。

陶俑躯干的制作是从下往上采用逐步叠塑法先制成粗胎，再进行细部的处理和雕刻。其工艺流程是：首先制做俑双足下的脚踏板，而后用泥堆成双足，再用泥条接塑双和段裤腿。粗腿是空心的，细点的腿是实心的。在腿上端堆泥使双腿固着成为一体，再在其上塑成周边高起的椭圆形基盘，即躯干的底盘。在底盘上采用泥条盘筑法塑造中空的躯干。腰部用泥堆实，胸腹腔用泥条盘堆上去。胳膊是分件制成的，粘接在胸腔的两侧。这就形成了躯干的大形。

手是用模子制成的。头则用两个模子合模或一次模制成大样，然后再刻、削、刮、剔成形。耳朵是模制的。大样制成后，将各部分套合。然后采取堆、捏、贴、刮、削等方法，精细雕琢。

陶俑的胸、腹部也是用同样方法，刻刮成战袍及革带、带钩，或贴上铠甲的甲带和甲钉。陶马的马头是合模的，马耳、马鬃分件做成后组合安装。马体分胸、腹、臀三部分用泥片做成。陶俑和陶马做成后，入窑烧制。据测定，烧成的温度约1000—1050℃。烧成后，先涂上一层明胶和生漆，

● 秦俑出土原状

● "朝"字跪射俑

然后再在底色上平涂敷彩，俑的面、手、足一般涂有二到三层，颜色较厚。色彩以绿、红、紫、蓝为主，以绿色居多，避免了军事题材容易单一呆板的缺陷，色调明快艳丽，富有生机和活力。秦代工匠们将驰骋疆场的勇士们，以陶塑的形式真实再现出来，记录着胜利者的形象，用以纪念秦军的辉煌战绩。

制俑工匠系从全国征召，具有一定技艺，按照秦朝"物勒工名"制度，在器物上刻姓名，以便检验核查。从陶俑身上刻文中发现有"宫彊""咸阳午""栎阳重"等文字。"咸阳""栎阳"为工匠的籍贯；"彊""午""重"是工匠的名字。目前已获知制作陶俑的工匠名有92个，他们分别来自中央制陶作坊和地方制陶作坊。

就已出土的秦俑看，其脸面轮廓可分为：目、国、用、甲、田、申、蛋、由字形脸等八类，以目、甲、国字形脸最多，申、由字形脸最少。《韩非子·说林》引用桓赫的话说："刻削之道，鼻莫如大，目莫如小。鼻大可小，小不可大也；目小可大，大不可小也。"这是说人物面部雕塑的技巧，

● 高级军吏俑背部

鼻部因为采用先捏塑再切削的做法，所以捏塑的初形宜大，以免切削时矫枉过正；眼睛部位采用锥刺的方法，所以开始挖凿时宜小，以便进一步根据整体效果做出修改。桓赫仅以鼻子的塑法和眼睛的刻法为例说明，但雕塑之道已尽在其中。观察秦始皇陵出土的陶俑，大部分按照此章法制作。

秦兵马俑的神情庄严肃穆，忠诚刚毅，表现出极强的控制力，虽是静态的雕塑，但身姿却是静中寓动，引而不发。秦俑的五官刻画特点是方脸庞，眼睛细长，外眼角略有上翘，鼻梁直而低，鼻头小巧，嘴唇薄厚适中，尤其是大而长的耳朵、突出的眉骨、浓黑的眉毛都给士兵平添了一份英武之气，让人感到振奋。

秦俑个性鲜明，制作精美，雕塑细腻。陶俑因官阶、军种的不同而身着不同的军服和冠帽，甚至连面形、胡须、发髻和带扣都有多种变化，让人们看到了大致相同中的细小差别，透着浓厚的生活气息。

泥条盘筑法

泥条盘筑法是新石器时代就开始有的制陶传统工艺，易于制作形制复杂的器物，焙烧时其膨胀及收缩一致，不易变形或开裂。战国晚期到秦王朝时期，许多大型陶器仍然用泥条盘筑法成型。

秦兵马俑坑的众多陶俑，形体虽大，但躯干的整体造型，是呈垂直的上紧下散中空的圆筒形，并无过多的折曲及曲线的韵律，相对来说结构比较简单，采用泥条由下而上叠筑的技艺并不复杂。因此，经验丰富的陶工，对陶俑躯干的塑造能够做得比较好。

秦俑面型与表情
喜怒哀乐众生相

战国—秦（前475—前206）
出土于秦始皇陵园兵马俑坑

历史上较早的俑，在春秋战国时代的墓葬中就出现过。中原通常用陶俑，南方的楚墓多用木俑。陶俑的使用已有2000年的历史，陶俑是用陶土制作，捏塑成型，再经火焙烧。因制作简单，成本也低，又不易变形，而被普遍使用。

陶工制作兵马俑，是奉命制作，而不是自由创作。他们要严格按照设计者的要求，要体现秦始皇的意志和心理。统治者设计蓝图上的各项规定和要求，就是皇帝的命令，具有法律的效力，绝对不能违抗。陶工就是在

秦俑表情

● 跪射俑侧视

这样一个狭窄的天地里进行创作。因而其作品必然在求真上下工夫。

秦俑是艺术，艺术形象就有一个再创造的过程。统治者对陶俑、陶马的种类、数量、大小、装饰、队形的编列及总的设计思想等可以做出具体的规定，但是，对每件俑的神情、性格无法做出详细的规定，这就给陶工留下了进行艺术再创造的空间。制作秦俑的陶工出身于社会底层，其思想情趣要受时代的制约。一方面他们对秦军士兵非常熟悉，感情是相通的；另一方面严酷的刑法、繁重的徭役，给人民带来的灾难，陶工对此是不满的。这两方面都应该看到，忽视任何一面都是片面的。在这种情况下制作的陶俑形象必然是多彩多姿的，有少数俑神情不悦或者漠然无情，是陶工另一方面心态的反映。

众多的兵俑个性鲜明，不论是将军俑、军吏俑还是武士俑，个个制作精美，件件雕塑细腻。陶俑因官阶、军种的不同而身着不同的军服和冠帽，甚至连面形、胡须、发髻和带扣都有多种变化，让人们看到了大致相同中的细小差别。那精心梳

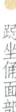
跽坐俑面部

理的发辫、疏密有别的鞋底、个性张扬的胡须、丰富多样的带钩、多种样式的发带,让我们感受到浓厚的生活气息。秦俑的脸型,也有美、丑、胖、瘦、年轻、年老的区别。这么亲切自然的脸面,让人感到秦俑是活生生的人。

从秦俑面部可以看出喜、怒、哀、乐、骄、滑、幽等多种表情,表现了人物复杂的内心世界。环视陶俑,不难发现兵马俑雕塑被赞誉为"千人千面"的原因。以数量最多的武士俑而言,以年龄区分,有稚气未脱的少年,也有满脸沧桑的老兵;以表情而言,有的面带微笑,有的愁容满面;以民族而言,既有中原人士,也有边疆壮汉。秦俑在人物塑造上匠心独运,

● 将军俑面部　　　　　　　　　● 立射俑面部

又用多样的手法比较，突出的表现了不同人物的不同神态、体态和心态，让人感到千篇一律中的千变万化。这就是秦俑的趣味性。

　　写实的艺术进入到每个作品，不但雕塑出了众多人物的外部形象，也刻画了每个人物的心理和性格，使人物栩栩如生，如闻其声，如见其心，使作品显得有血有肉有性格。陶俑中大体有三个阶层的人物，即武将、军吏和士卒。武将们职务较高，权力较大，因此便被雕塑得深沉、果敢、坚毅、严峻和老谋深算。军吏们一般具有严肃、坚定的形象。众多的士卒，一般看来是灵活、机警、勇敢、视死如归。除了这些共性以外，秦代的雕

● 中级军吏俑面部

塑大师们还在自己的雕刻刀下，塑造出了不同的个性。同是武将俑，除了服饰的区别外，面容也不一样。有的武将看起来比较温厚，有儒将之风；有的则面容肃杀，似有杀一儆百之势。士卒们的表情则更为复杂。有的面带微笑，似心满意足；有的年轻幼稚，满面顽皮；有的额上皱纹重叠，愁容满面，似有难言之隐；有的两眼呆滞，缺乏表情，似处于无可奈何之中；有的面广体胖，表情随和；有的老练沉着，情状幽默。这些形象，大概随它们所处的地位、年龄、阅历不同而变化，比较多样地表现了群体中的复杂个性。因此，虽然陶俑的姿态因为表现内容的需要而比较单一，但各个

● 文官俑面部　　　　　　　　　● 武士俑面部

陶俑的表情不同，宏大壮阔中见精细，群体众多中见性格，便较好地减弱了整个雕塑群的雷同感。

从事秦兵马俑考古发掘工作的王玉清先生，有机会天天与兵马俑面对面，这使得他能够近距离观赏、研究秦兵马俑的面型。通过研究，王先生将秦兵马俑的脸面轮廓分为八个类型，每一种面形均与一个汉字相对应，依次是："目"字形脸，头形狭长；"国"字形脸，方正稍长；"用"字形脸，额部方正，下巴颏宽大；"甲"字形脸，额部和颧骨处宽度接近，面颊肌肉显著内收，下巴颏窄尖；"田"字形脸，面形方正；"申"字形脸，颧骨处宽，额部较窄，下巴颏尖；"蛋"形脸，额处宽，下巴颏尖，脸上肌肉丰满，其轮廓线如同蛋形；"由"字形脸，额部较窄，两颊和下巴处宽。秦俑面部轮廓，以目、甲、国字形脸最多，申、由字形脸最少，说明秦代和现在人们的面部轮廓基本上相同。很多观众不由得感叹这么亲切自然的脸面，一下子拉近了和秦俑的距离。

秦俑的魅力不仅体现在精雕细刻上，还把外部形象和内在精神、气质巧妙地融为一体，达到了形神兼备的艺术效果。最具特色的是二号坑出土的立射俑，展现一个持弩拉弓的瞬间动作，年轻稚气的面庞、坚定自信的眼神和绷嘴屏气的神态，给人一种初生牛犊不怕虎的感觉。仔细欣赏秦俑丰富的面部表情，可以看到有的面带微笑，亲切随和；有的严肃庄重，沉着冷静；有的眉目清秀，表情幽默；有的则怒目圆睁，悲壮凝重。每一个陶俑都生动地反映了现实中秦人的内心世界和精神状态。

秦俑之魅力源于生活更高于生活。秦代工匠通过精湛的雕塑技艺，赋予秦俑高大健硕的身躯，更赋予它们鲜活灵动的生命力。

数千件秦兵马俑真实、细腻、千人千面，每个俑都有属于自己的独一无二的表情。秦代工匠将这种表情用雕塑的手法定格下来，经历2000多年的时光阻隔，呈现在我们面前，感动着今天的你我。

秦俑胡须与发辫
时尚新潮的须发

战国—秦（前475—前206）

出土于秦始皇陵园兵马俑坑

秦兵马俑军阵中的士兵，多数头发梳成一个上翘的椎髻，一些身着铠甲的步兵将头发梳成发辫，贴在脑后，还有一些士兵则戴着麻布做的尖顶圆帽。秦陵马厩坑出土的跪坐俑头发在脑后绾成一个髻，很像清末年间已婚女子的发式。

经过仔细研究发现，秦俑的发髻不但样式繁多，而且新潮前卫，让人感受到了浓厚的现代气息。绝大多数俑梳着整齐的细密发辫，表现了人物整肃严谨的性格。此外，还有波浪式、瓜棱式、方包式、螺旋式的发型，反映了人物性格的豪放洒脱。

秦俑的发髻有的低矮，有的高耸，有的位于头顶的左侧，有的位于头顶右侧，有的偏前，有的靠后，形式多样，反映了个人不同的爱好，给人一种自由活泼、千变万化的感觉。单就发髻来看，有圆形发髻和扁形发髻之分。圆形发髻中有扎在左边的，也有扎在右边的。有盘一圈的，也有盘

● 秦俑圆髻和发辫示意

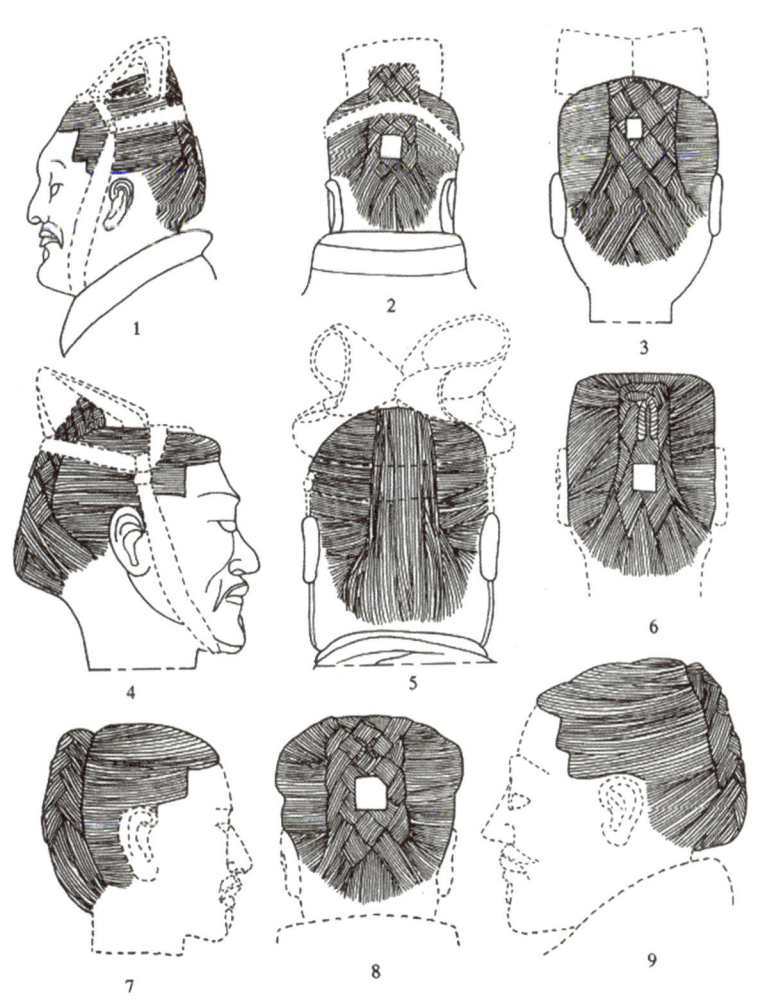

● 秦俑扁髻和发辫示意

成两圈、三圈的。扁形发髻有螺旋形、箴纹形、波浪形等，花样繁多，让人不能不感叹秦代军人对自己头发的珍爱。还有一种发辫，是先把头发分成四股，依次编梳后再盘接在头顶右边，形成圆形发髻。美学研究者从分析秦俑的发型、发式中获得了很多创作灵感。他们认为："秦俑发式大有学问，值得深究。"

秦俑的雕塑是写实的，工匠通过精致的细部刻画，塑造出了千人千面的军人形象。高级军吏俑头戴双卷尾鹖冠，中下级军吏俑头戴双板或单板长冠，普通士兵则挽着花样繁多的发髻。仔细看，一根根头发清晰可见，三股发辫、四股发辫等各种发式跟我们今天的编结手法一模一样，就连头发的走向，叠加的层次也一目了然。秦人对头发的样式非常重视，把它看作一个人身份和地位的象征。

除了头发，胡须也是男子美的象征。我们看到秦俑的胡须有粗犷的络腮大胡、内敛的山羊胡、俏皮的点式胡和变化多样的八字胡等。这些花样丰富的秦俑发型和胡须，真实地反映了秦人多彩的生活情趣。由此可知，生活中的秦人是各有所好，有自己独特的审美观。

秦俑的胡须与现实生活中的一样，既有长须，也有短须；既有络腮大胡，也有三点水式的髭须，还有犄角

● 秦俑须发

秦俑胡须示意

● 秦俑发辫示意

上翘的八字形胡须和板状小八字胡等,种类较多,凡是现实生活中存在的胡须样式,在秦俑武士群中都能找到。秦俑的胡须有位于上唇的八字须,位于下唇的山羊须,位于下颌及两腮的络腮须,每一种都有不同的类型,真是丰富多彩,从而有力地表现了不同的性格特征。如浓密的胡须表现了粗犷和豪放;细巧工整的胡须表现了机灵和干练;用上翘式的胡须表现了精力饱满和性格活泼;胡角翻卷表现了情绪奋发激昂;络腮大胡表现了神态威严;飘洒的长须表现了飘逸和老到。

总之,秦俑在人物塑造上匠心独运,又用多样的手法比较突出的表现了不同人物的不同神态、体态和心态,让人感到千篇一律中的千变万化。

金钉金银勒
做工精细的饰品

战国—秦（前475—前206）

金钉长13.95厘米

金当卢长9.6厘米

1978年出土于秦始皇陵铜车马坑

    1978年6月，秦俑考古发掘队的专家们带着考古训练班的学生来到秦陵封土附近勘探。当钻探至封土西侧20米处时，发现地下7米深的土层中有十分坚硬的物品。仔细探查后，便挖出了一个金光闪闪的泡状物。凭着多年的考古经验，专家们断定这是一件金质马饰。

    初步发掘钻探表明这是一个大型车马陪葬坑，为地下坑道式土木结构建筑，是秦始皇陵的一个车马房，里面储藏着金银装饰的铜车马。秦陵一、二号铜车马属于天子乘舆中的立车和安车，从车马的装饰方面看也是不同凡响的。

错金银金釭

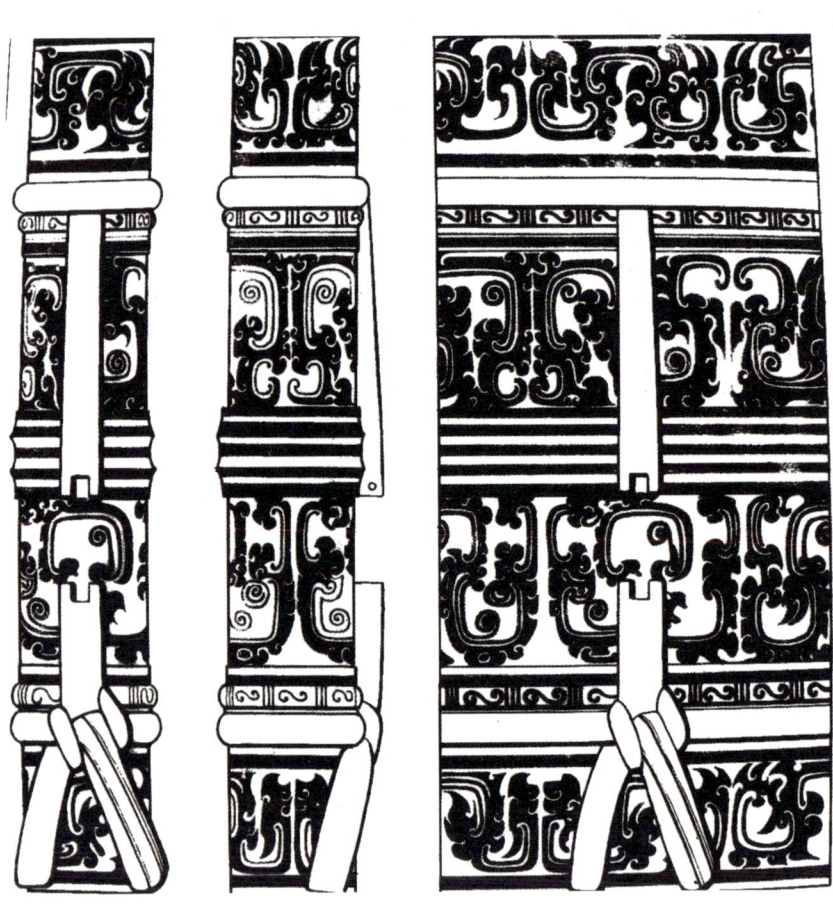

● 金釭上的纹饰

秦陵铜车马上闪闪发光的金银饰品，不仅装饰了车马，而且是研究秦代车马制度的重要资料。尤其是车马上的金银勒、金釭、金当卢等值得一提，它们外形设计精巧，制作工艺精良。

● 金银勒

　　金钉又称错金银伞杆，铜车马坑出土，通长13.95厘米，直径2.6—2.7厘米，壁厚0.13厘米。金钉是铜车马上的错金银伞杆构件，整体呈圆筒形竹节状，由上至下有三组凸起的箍状阳弦纹将其分为四段。纹样环伞杠一周，上下两端各有一条宽0.35厘米的金银错粗环纹，以及一条细线作为纹样的上下界。中间部分也有三组凸起的阳弦纹作为整个图案纹样分组的间隔条带。由上向下数第一、三两组阳弦纹上的错金银纹样基本相同，中间凸起的部分都是以金银错的横S纹作为主题纹样，形成二方连续的环带纹。纹样与纹样之间也是以三条细金银错线相隔。构图均衡对称，线条流畅，色彩鲜亮。

　　金银勒是控驭马的重要器具。一号铜车前所驾的四匹铜马的头上各戴一副。四副勒的形制、结构和编缀方法基本相同，大小相似。主要的连接点上缀有金质或银质的圆泡形节约，额部饰金当卢。位于马口两侧的链条上连接着银表和铜衔，位于喉革部分的链条上悬挂着铜丝扭结成的缨络。左骖马和右骖马的勒除连接着银铆、铜衔外，

金当卢

还有铜橛以及连接衔、橛的圆片形铜构件。

金当卢是马头上的装饰物,与络头连接为一体,位于马额中部偏上,呈叶形,上端为圆弧形,下端为尖角状,两侧呈连弧形。金当卢长9.6厘米,宽4.7厘米,厚0.4厘米。分上下两层,上层为金质,下层为铜托。两层大小、形状相同,连接在一起。正面的周边有突起的状似流云纹的阳线边饰,中部为两条纹左右相对组成的类似蝉纹的浅浮雕单独纹样。背面的铜托上铸有四个组鼻,两两相对,印刻"十二",钮上有"上"铭文。纽界内贯穿着纵横呈十字形的铜条,此铜条与托板、纽鼻铸连一起,用以连接金银勒上的链条,起着节约的作用。

秦陵铜车马以浓重的皇家车马的富贵气派,使已出土的中国古代车马黯然失色,主要表现在两个方面:

第一,车的装饰。从蔡邕《独断》以及《后汉书·舆服志》下的记载中可以得知汉代的乘舆中的金根、安车、立车等的装饰情况。秦始皇乘舆的车饰当然不会与之完全相同,但也有很多暗合之处。如一、二号铜车伞和蓬盖的内侧彩绘着变相得夔龙夔凤纹,弓橑的末端套有银质的盖弓帽,这好像是文献记载中的"羽盖华蚤"。轮的牙、辐和毂上涂有朱色,当寓意为朱轮。车舆的内外彩绘着变相夔纹、流云纹以及各种几何形的边饰纹样,装饰之华丽,决非一般车舆所能比。

第二,马的装饰。根据蔡邕《独断》以及《后汉书·舆服志》等书的记载可知,汉代天子乘舆马的装饰有蠹、繁缨、金银勒,勒上有金当卢、银镦,另外骖马的颈上套有金银缨环、金银缰索。秦陵铜车马以大量金银饰件作为马的装饰,显示了一、二号铜车马等级的高贵。所不同的是矗立于右骖马头上,而不是像汉代那样在左骖马的头上或在衡上。

错金银工艺

错金银工艺,也叫金银错,出现于春秋晚期,发展于战国时期,到了西汉,错金银工艺已经成为最常用的一种金属细工工艺。春秋战国时期的错金银工艺基本上是先在铜器模范上做出错金银纹的凸饰,待青铜器铸成后,再把金银丝压嵌在铜器上的纹槽内,经过反复挫磨使之与铜器表面平齐。经过错金银工艺加工的铜器,花纹华丽繁复,外表绚丽多彩。

在众多错金银器物中,最早出现的是错金器,随着错金工艺的日益发展,所错花纹、文字逐渐繁缛起来,到战国中期,错银铜器和金银混错的铜器开始出现。

加长的秦剑
锋利无比的铜剑

战国—秦（前475—前206）

长90厘米以上
出土于秦始皇陵兵马俑坑

李白有诗曰："秦王扫六合，虎视何雄哉！挥剑决浮云，诸侯尽西来。"
《史记·秦本纪》记载"秦简公六年，令吏初带剑"。官吏"带剑"既作为防身和格斗的武器，更是礼制的要求和身份的标志。秦俑坑中的高级军吏俑和铜车马上的御官均佩带长剑，说明秦国官吏带剑是在制度规范下的普遍现象。

秦兵马俑一号坑中已经出土青铜剑二十余把，多数剑长超过90厘米。经测试，秦俑坑青铜兵器均为铸件，再经过锉磨、抛光等工序制成。从其

精密度推测,当时有可能已采用简单的机具加工,而非单纯手工锉磨。青铜剑剑身光洁平整,组织细密,用肉眼根本看不到一点沙眼。经测试,其光洁度在▽9—▽10之间。青铜冶炼是我国金属冶铸中较早发展的一项事业。到战国时,《考工记》一书总结了自古以来的青铜冶炼技术,提出不同器物中铜和锡的不同比例的配方。如对刀剑的要求是"三分其金而锡居一",即铜锡之比为三比一。这个比例使刀剑既有一定的硬度,又有韧性,

● 秦剑

不容易折断。秦兵马俑坑中的青铜剑，经过化学分析，铜占74%左右，锡占22%，质地比较坚硬。随着青铜冶炼技术的进步，金属加工工艺也有了较高水平。青铜剑剑身光亮，经过抛光处理，光洁度达到了▽9—▽10，即九至十花，较差的也达到了七花。

秦兵马俑坑中出土的青铜剑与春秋、战国早期的剑相比，显示出造型工艺的不同，也显示了秦代匠师卓越的制作水平。战国早期的剑，一般剑

● 荆轲刺秦王

身短而宽，由宽变窄和由厚变薄是等距离的均匀递减。而秦剑的剑身长而窄，它由宽变窄和由厚变薄是有节奏的递减。剑是刺兵，一要锋利，穿刺性强；二要坚韧，不易折断。在穿刺力方面，长而窄的剑较短而宽的剑优越，但不如后者坚牢，易于折断。为防止窄长的兰叶形剑的折断，使其具有锋利和坚韧的性能。秦代匠师除了选择适当的合金配比，使铸出的剑刚柔兼济外，在造型上由宽变窄和由厚变薄的有节奏的递减工艺，是解决这个问题比较合理、科学的方法，同时也符合力学原理。当剑穿刺时，有一种反作用力，有节奏的剑身可以相对减少反作用力，增强剑的弹性。剑身窄处厚度相对增大，剑身宽处厚度相对较薄，这样就使剑身宽处与窄处的机械强度相对均衡，不致因强弱不均而折断。

青铜剑

在一号坑第11过洞出土的一件青铜剑，发掘时剑因被陶俑压住而弯曲，当考古工作者轻轻移开陶俑碎片后，青铜剑竟然奇迹般地反弹恢复平直了，由此可见青铜剑具有良好的柔韧性。经过激光显微光谱、X光、电子探针及化学分析检验，青铜剑如此刚柔兼济，是因为其中铜占76.3%，锡占21.38%，铅占2.18%，还有微量的稀有金属合金，配比非常科学。

秦俑坑出土的青铜剑属于长剑型，长剑较短剑的杀伤力强。战国时期随着步兵和骑兵数量的增加以及战争规模的扩大，为了提高剑的杀伤力，迫切需要增加剑的长度。但由于青铜质比较脆，所以增加剑长在工艺上相当困难，这就使青铜剑的长度受到一定的限制。秦代匠师创造了新工艺，把剑的长度提高到81—94.8厘米，显示了秦代工匠的聪明才智。

秦俑坑的青铜剑铸造成型后，经过锉磨、抛光等加工工艺。剑茎部分因要夹在木柄内，所以加工的工艺比较粗糙，锉痕交错，没有经过抛光。而剑身的加工工艺精致认真，用放大镜观察，两

● 秦剑出土原状

刃的磨纹垂直于中轴线，纹理平直没有交错，好像采用了简单的机具加工，而且手工比磨，这在金属制造工艺史上是一个跨越式的进步。现代的探测技术还揭示了一个事实：那就是在青铜剑的表面专门镀有一层10—15微米的铬盐氧化物。这一检测结果引起世界性的震惊。因为这种铬盐氧化物处理技术在德国是1937年，在美国是1950年先后发明并申请专利的。然而秦俑坑出土的青铜兵器却提醒世人，两千多年前的中国人早已创造了类似的工艺。

秦俑坑的青铜兵器铸造工艺十分先进，出土的青铜剑与春秋、战国早期的剑相比，显示出精良的工艺水平。虽然埋在地下两千多年，出土后兵器剑、镞、矛、镦、殳等的表面仍然光洁锃亮，颜色青灰，寒光闪闪。经过检测可知，它们的表面有一层含铬盐氧化物的氧化层，起着良好的防锈作用，从而使两千多年前的兵器光亮如新，锋利无比。铬盐氧化技术是一项先进的科学工艺方法。世界上镀铬的方法分为电子镀铬和化学镀铬两种。电子镀铬技术是随着现代工业文明而产生的，其发明者首推德国，而且是20世纪30年代才有的工艺。而化学镀铬技术却是我国劳动人民在2000多年前的首创。这种工艺西汉时期仍然沿用，在满城汉墓中就发现经过铬盐方法处理过的兵器。汉代以后，再没有见到这种情况，说明这一工艺后来失传了，成为千古之谜。

总之，秦始皇帝陵出土文物向人们展示出秦代社会文明发展的程度，同时也传递着秦代的科技信息，令处于高科技时代的人们为之惊叹。秦陵出土文物的金属加工工艺，铜车马的铸造和连接工艺，秦俑坑兵器的锉磨技术，使人们不得不承认，当时已经有了简单的机械。现代的焊接专家认为铜车马的焊接技术，与现代工程结构相似，设计非常合理，说明秦代已掌握了高超的青铜铸造技艺。秦陵出土文物的金属防锈措施，遥遥领先于当时的世界科技水平。秦陵出土文物的标准化工艺，不但付诸实施，而且在理论上也有充分的论述，说明这种工艺并非偶然使用。

秦始皇的佩剑

司马迁在《史记》中描述了荆轲刺秦的场面：刺客荆轲手持匕首，绕柱奔逃的秦始皇企图拔剑还击，三次拔剑而剑竟然不出。在一个宫廷医生的提醒下，秦始皇握住晃动不已的剑鞘，最终才拔出了配剑。秦始皇怎么会拔不出剑呢？对于司马迁的这个解释，历史学家一直很困惑。可以推测，当年秦始皇佩带的很可能就是这种加长的青铜剑。在刺客紧逼的奔跑当中，情急之下要拔出将近一米的长剑，确实不容易。所以，就是因为秦始皇的佩剑太长了，所以不能及时拔出来。

铜弩机
标准化的武器

战国—秦（前475—前206）

出土于秦始皇陵兵马俑坑

  1982年，英国专家参观秦兵马俑坑出土的青铜兵器后赞不绝口，并公认世界兵器的标准化发源于中国的秦代。在两千多年前，秦人执着于统一标准，肯定是为了保证所有秦军战士使用的都是当时最优秀的兵器。令人迷惑的是，某些天才的工匠制造出几件优秀的兵器是可能的，但实际情况是，兵马俑坑中数万件兵器几乎都是同样的质量。

  在对秦俑坑出土的青铜兵器的研究中，我们惊异地发现，早在2000多年前，人们已经使用了标准化工艺。所谓标准化，主要两点是系列化和互换性。即产品应有系列，同一系列的相同部件可以互换。这是制造业发

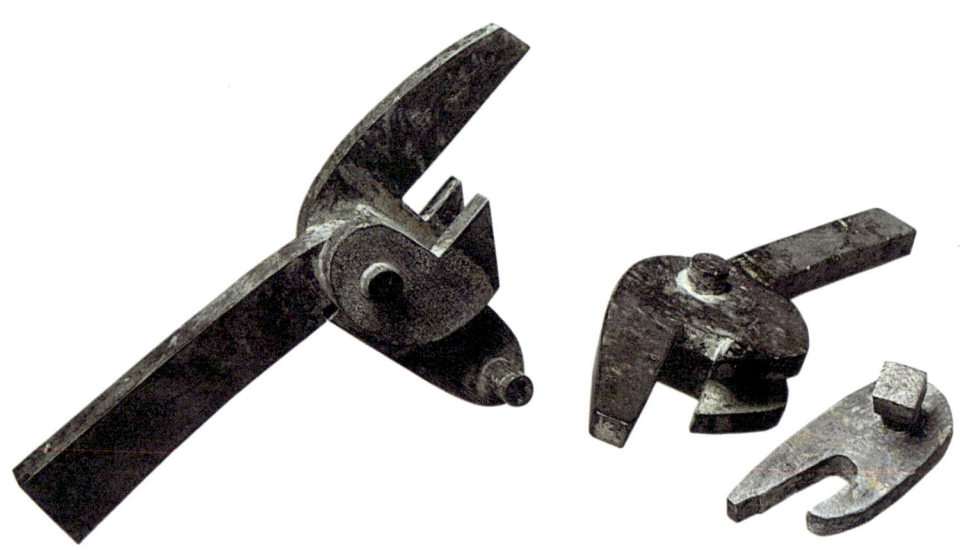

● 铜弩机

展到一定程度的标志。我国古人也提出了"型范正",秦代还把这一条列入法律条文,湖北云梦睡虎地秦墓出土的《秦律十八种·工律》中明确规定:"为器同物者,其小大、短长、广,亦必等"。秦俑坑出土的器物是符合这个要求的。秦俑坑中的秦砖,按系列可分为四个类型,每一类型的长、宽、厚都一样。通过对秦俑坑兵器的实测结果,发现数百件弩机的部件完全可以互相通用。经测量,弩机的轮廓误差不超过1毫米。这种高标准的规格,对金属加工工艺有很高的要求,没有一定的机械辅助,仅凭双手是达不到的。

弓弩的射击有一条规律,因为临敌不过三发,敌人往前冲了,这一支箭装上去以后射出去,再装一次,敌人还会往前冲,等到三次箭射出去以后,敌人就冲到自己面前了。所以古代射击的时候一定要轮番射击,以增强杀伤力,快速阻击敌人。

文物专家孙机先生称:"世界上最早将弩装备正规军,并使之在战场上发挥重要作用的国家是中国。"在秦兵马俑坑,因时间久远,弩的木制部分已经朽烂,但完整的遗迹仍然可以复原当初的秦弩。据此复原的秦弩,有着惊人的力量。与弓不同,秦弩必须用脚蹬,借助全身的力量才能上弦。专家估算这种秦弩的射程应该能够达到300米,有效杀伤距离在150米之内,秦弩的杀伤力远远高于当时任何一种弓。在弩的木制部分朽烂后留下的痕迹中,考古人员发现了青铜制作的小机械。这些设计非常精巧的、小小的青铜构件就是弩用来发射的扳机。该弓弩虽历经2000多年,但其弓弦依然清晰可见。弓弦直径约0.8厘米,表面光滑圆润,非编织物,考古人员推测材质可能是某种动物的筋。

秦兵马俑坑出土的弩是由弓、弩臂及铜弩机组成。弩弓为木质,朽木残长130—144厘米,弓通体用皮条缠扎,表面涂褐色漆。弩臂也已腐朽,弩臂末端安有青铜弩机,弩机通高16.5厘米,望山高5.5厘米。铜弩机由望山、悬刀、牙、栓塞等部件组成,钩牙用以挂弦,望山用于瞄准,悬刀就是扳机,栓塞起到固定各部件的作用。这些青铜弩机制造精良,铸造后经手工锉磨而成,棱角饱满,尺寸精确,零部件可以通用互换。

秦弩既可以延时发射,也可以精确瞄准,和只靠臂力拉弦的弓不同。公元前214年,秦军发动了针对匈奴骑兵的全面战争。仅仅一年的时间,30万匈奴骑兵就被彻底击溃,黄河以南的大片土地重新回归秦国。对马背上的匈奴骑手而言,弩是最致命的武器。《武经总要》中说:弩是对付古代游牧部落袭击最为有效的武器。持弩的秦骑兵射击的准确程度是匈奴人的弓无法相比的,匈奴人的皮甲也抵挡不住弩箭强大的穿透力。在匈奴骑兵还没冲到眼前时,强劲的秦弩就密集准确地击中了战马和骑手。

此外,秦代还发明了一种连弩,据《史记》记载:秦始皇第四次出巡"北至琅琊",方士徐福害怕求长生不老药的骗局败露,向秦始皇谎称,采蓬莱药于海上,遇上大鲛鱼"故不得至",请派善于射击的弓箭手,再配以"连弩射之"。始皇帝求药心切,听信了方士的骗术,即派人入海捕捉"巨鱼","而自以为连弩候大鱼出射之"。秦始皇使用的"连弩"是一种新式的、杀伤力很强的武器。《史记·秦始皇本纪》记载说：秦始皇陵墓门道上曾装有自动发射的"暗弩"。"连弩""暗弩"究竟是怎样的装备，又是怎样使用的，还有待于进一步研究。纵观世界兵器史，最早将弩装备正规军并使之在场上发挥重要作用的国家无疑是中国。当历史进展到中世纪时，西欧的诸国尚未制造出连弩这种更有杀伤力的兵器。

秦军使用的弩机，由于制作的十分标准，它的部件可以互换。在战场上，秦军士兵可以把损坏的弩机中仍旧完好的部件重新拼装使用，这样就可以节约成本。专家认为，秦人的标准化应该还有更重要的目的，那就是秦人很可能将优选兵器的技术标准固定，国家再通过法令将这些技术标准发放到所有的兵工厂。

弩

弩者，怒也言其声势威响如怒，故以名其弩也。秦弩源于弓，威力又远远大于弓。在秦代，秦弩制造的如同现在的自动步枪一样精密。它既可以延时发射，也可以精确瞄准，和只靠臂力拉弦的弓不同。可以说，弩是古代战场上最为精准的武器。公元前260年秦赵之间著名的长平之战，赵军统帅就是被秦弩兵所杀。

《吴越春秋》云："弩生于弓，弓生于弹。"道出三者发展演变的轨迹。弩是一种源于弓，而又不等同于弓的远射武器。汉代人认为弩是黄帝发明，《吴越春秋》的作者则把弩的创史人说成楚人琴氏，但是从历史资料上看，弩是战国时期才大规模的登上战争舞台。《战国策》就曾有"天下强弓劲弩皆自韩出谿子、少府、时力，距来者皆射六百步之外"的记载。弩，在军事上的应用，对军队发展和战争方式的演进起了很大促进作用。

铜伞的制作与修复

联手创奇迹

战国—秦（前475—前206）

1978年出土于秦始皇陵铜车马坑

  秦陵彩绘铜车马整体采用青铜制作而成，是当时科技含量最高的青铜文物艺术品，被考古学家宿白先生誉为"青铜之冠"。在秦陵一号铜车马上，有一把铜伞十分引人注目。这把伞在出土时，就是一堆支离破碎的碎片，经清点有316个碎片。文物保护专家经过八年的精心修复，使铜车马重现两千多年前帝王銮驾的风采。可以说，这是一场持续2000年的、由古今工匠联手创造的奇迹。

  这柄铜伞位于一号车上，现在我们通过这把伞重新审视一下铜车马，探究其精巧的设计原理和精美的制作工艺。伞是我们生活中的常见物品，

● 铜伞在一号车上的位置

主要用来遮阳避雨。伞主要是由伞布、伞骨和伞柄组成。铜车马上的青铜伞的准确名称叫"华盖"。它的结构和现在的伞几乎一样，是由伞盖、伞弓和伞杠三部分组成。仔细观察内外伞面，可以看到星星点点的杯形错银纹和美轮美奂的卷云纹，这些花纹不仅起到了装饰美化的作用，而且以写实手法展现了它的真实材质。

在古代，华盖的面料会依据车主人的地位而定，皇帝的车伞是用最精美的面料——锦帛。它最薄的地方只有1毫米，最厚的地方也不到4毫米，并且是一次性浇铸而成。我们可以想象一下，直径1.2米的青铜伞盖能制作得如此薄，这不仅要求工匠拥有娴熟的合金配比技术，还要有高超的铸造技术和精确的模具制作技术。无论哪一个环节出现偏差或纰漏，都无法做成如此大而薄的拱形铸件，这完全可以称得上是秦人的高科技产品。它不仅体现出了秦国工匠制作工艺的高标准，同时也是古代青铜铸造的创新与典范。

一号铜车马上车盖及盖座通高113.3厘米，伞盖面积大于车舆，将车舆全部置于伞下。车盖由盖顶和盖杠组成。盖顶又由盖衣和盖弓、盖斗、盖弓帽构成。盖衣是一面隆成拱形的圆形铜板，直径122厘米，曲线径长127厘米。盖衣的中部区域即以盖斗为中心直径48厘米的范围呈水平状，由此向外的盖衣缓缓向下弯曲，至盖衣的边缘曲成44°弯角。盖衣的两面边缘铸有一周微微凸起的宽约5厘米的边带，边带内圈的棱线整齐分明．盖衣的两面均有纹饰，纹饰的布局明显不同。盖衣的外面全部被绿色的铜

● 盖弓的形状

锈覆盖，修复时在周围的带边上发现有三排错金银纹饰，三排的纹样各不相同，由里向外分别为松塔形的菱花纹、类似弓形的蟠虺纹和水波形的几何纹，纹样作三方连续排列，绕边带一周形成环形。

盖衣内侧表面的彩绘纹饰保存较完整。环盖衣的边缘一周即略显凸起的边带上，以蓝色作底，用线描的方法彩绘着三排与外侧的边饰纹样相同的几何纹，边缘内的广大中区，以蓝、白、乳白三种底色将盖里分为外、中、内三区，三区内均满绘彩色的变龙变凤蟠结纹。各区的纹路略有差异，每朵花纹的用色也不完全雷同。所有纹样均错位排列，从中心向外层层展开，整体看上去布局饱满又有层次感。

一号车的盖衣虽是铜铸，但表现的原物应是织物，从盖衣内外完全不同的表现方法看，盖衣的主体可能由两层构成，其上面一层可能是表面髹漆的布帛，下面一层可能是带有形似云朵的夔纹织锦。

盖衣的边缘钩挂在弓末银蚤的倒钩上，风的张力极易将盖衣从构挂处撕裂。两面帖裹的镶边与盖衣本体一起形成三层结构，大大增强了盖衣周边的抗拉强度，由此可预防盖衣从银蚤上脱开。

盖弓22根，弓条弯曲略呈弓形，弓体近似圆柱形，上粗下细，通长60.4厘米，水平长58.5厘米，直径0.8—1厘米。其接近盖斗的一段近似方形，末端为方榫，与盖斗上的鑿孔相适而插接。弓的末端套有银质的弓蚤（盖弓帽），两者以销钉固定。

2000多年后的今天，制作精美的青铜伞盖在出土时已经碎成了一堆

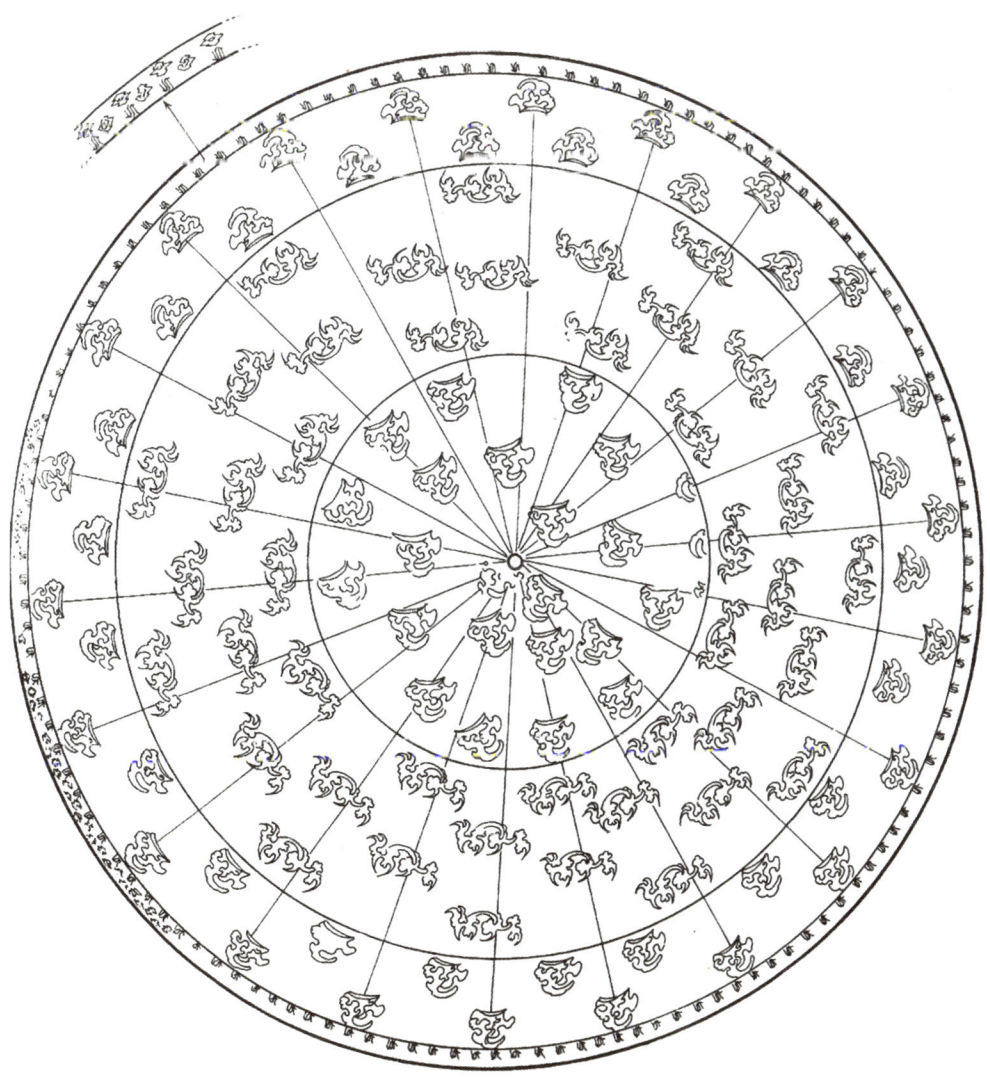

盖衣内表面的纹饰图

● 修复铜伞

铜片，经仔细清点有 316 片，就连支撑伞盖的 22 根伞弓，也没有一根是完整的。经过专家们一次次地努力与尝试，终于将已经挤压变形的碎片和伞弓矫正后重新焊接在了一起。但接下来，在组装的过程中更加棘手的问题出现了，焊接修复好的伞弓已经无法支撑重达三十多公斤的青铜伞盖，就算把它们组装在一起也随时都会坍塌。那么，怎样才能既不破坏文物又恢复它的原貌呢？经过多次模拟试验，修复专家用只有 0.5 毫米厚的不锈钢支架巧妙地制作出一个"隐形伞弓"，把它固定在原有的伞弓和伞盖之间。

这样，青铜伞盖的重量就不会直接压在破损的伞弓上，而是通过22根支架分解了重力，从而起到了支撑和定型的作用。

"隐形伞弓"的使用解决了力的承载和分解；同时，"隐形"也保证了文物的真实性和完整性，这就是文物修复工作中"修旧如旧"的重要原则。铜车马在长达八年的修复过程中，采用了粘接、焊接、机械连接等技术，将传统工艺和现代科技相结合，开创了文物修复工作的先例。1997年，秦陵一号铜车马修复技术荣获国家科技进步二等奖，这是中国文物界荣获的最高科技奖项。

从古代的青铜伞到现在的隐形伞弓，一把小小的伞将古代科技与现代科技紧密相连。2000多年前，秦人在随葬马车的制作和写实主义的艺术刻画中，想他人之不敢想，凭借精湛的技术完成了中国考古界迄今为止体量最大、结构最复杂、系驾关系最完整的青铜艺术品。可以说，这是人类文明史上用青铜进行艺术创作的最高峰，我们可以深切地感受到秦人的创新和时间精神，而正是这种民族精神，激励着2000多年后的我们一次次打破固有、重塑这历史与科技的碰撞。当我们久久凝视着铜车马时，都能够体味和感受这跨越时空的精神传承。

耐心、缓慢、坚持、少量、精细、极致……说到工匠精神，我们脑海里可能会浮现这样一连串听起来就非常美好的词。从秦陵铜车马的伞的制作与修复中可以看到2000多年前的文物制作工匠和今天的文物修复工匠联手创造的奇迹，中国工匠精神的复兴，任重而道远。

秦陵出土文物向人们展示出秦代社会文明发展的程度，同时也传递着秦代的科技信息，使处于高科技时代的人们都为之惊叹。秦陵出土文物的金属加工工艺，铜车马的铸造和连接工艺，秦俑坑兵器的锉磨技术，使人们不得不承认，当时已经有了简单的机械。现代的焊接专家认为：铜车马的焊接技术，与现代工程结构相似，设计非常合理，说明秦代已掌握了高超的青铜铸造技艺。秦陵出土文物的金属防锈措施，遥遥领先于当时的世界科技水平。秦陵出土文物的标准化工艺，不但付诸实施，而且在理论上也有充分的论述，说明这种工艺并非偶然使用。

盖衣

盖衣，古名又称幦。《说文·巾部》有："幦，盖衣也。"古人非常重视盖衣的质地、颜色和纹饰，并以之区别车主人等级高低和尊卑。尤其是到了汉代，已演化为一种制度，《后汉书·舆服志》记载：皇帝的乘舆"羽盖华蚤"；皇太子、太子的安车"青盖，金华蚤"；公、列侯的车"皂缯盖"等。

车盖的盖衣大多用布帛制作，考虑到盖的用途为遮阳挡雨，布帛的表面一般都作髹漆处理。河南洛阳中州路出土的一辆战国车上，曾发现两面髹漆的盖衣残片，漆的颜色为外黑里红，外面的黑漆上，又用红、白、黄、绿、蓝诸色彩绘由菱格、圆圈、菱形蟠螭纹等组成的多彩图案。

一号车御官俑
忠于职守的御者

战国—秦（前475—前206）

高92厘米，重70.6公斤
出土于秦始皇帝陵铜车马坑

在秦陵铜车马上，各有一名武官全神贯注地驾驭着车辆，这就是一号铜车和二号铜车的御者，他们是驾车的武官。虽然是青铜制作，但刻画得形神兼备、惟妙惟肖，令人印象深刻。

一号铜车御官俑，站立在一号车舆内前室。俑头绾梯形扁髻贴于脑后，戴鹖冠，身穿双层长襦，内层长襦红色，外层长襦绿色，白色领子格外醒目，下身穿白色长裤，足登方口齐头翘尖靴，腰间系带，斜佩长剑和玉璧。佩剑长60.8厘米，剑带缚在条带上。

一号车御官俑长方形面孔，宽额头，高颧骨，粗眉大眼，阔口厚唇，上唇上有两片板状的八字胡，下颌有一小撮小须，五官端庄，表情恭谨肃穆。俑双手紧握马辔，目光略微下视，神情专注，显示出忠于职守的性格特征。双手的塑造尤其值得称道，手掌肌肉的厚薄，指节长短及粗细的变化，关节的弯曲，甚至连指甲这个不为外人注意的细节，也都塑造得十分逼真，惟妙惟肖。常言说："画人难画手，画马难画走。"这件立式御官俑塑造的这样传神形象，解剖关系清晰、合度，表现了高度的写实能力。

躯干部分的塑造手法比较简洁，但是立式御官俑衣纹的曲折流转，都与躯干的变化相一致，合情合度。发丝采用阴线刻，缕缕发丝一一刻画出来，而且将发纹的走向和盘结方式交代得十分清楚，装饰意味很强。

御官俑通体彩绘，刚出土的时候颜色多已剥落。从残存的颜色观察，头部施有两重颜色，下层以白色为底色，上层平涂黑色表示乌黑的头发。手部、足部和面部为白色。据考古工作者分析，原来可能是粉红色，后褪为白色。眼睛绘成白睛黑珠，黑白之间的过渡为灰白色。从残留痕迹观测，也是施色两层，下层以白色为底色，上层涂粉绿色。衣服边沿和衽缘镶着宽约2厘米的彩色花边。花边以白色作底，在用朱色、粉绿色绘出菱形的花纹。袖口宽约6—7厘米的一段涂着白色的袖缘，并镶着宽约2厘米的花边，花边上同样用朱色、粉绿色绘出几何形的图案花纹。整套衣服看起来图案简洁，清爽素雅。

内层上衣因被外衣掩盖，只能看到露出的衣领、襟角和下摆。领为交领，

● 一号铜车马

一号车御官俑

高3.4—4厘米，厚硬粗壮，上壅脖颈，类似壅颈。内衣比外衣长0.8厘米，形制和外衣相似，也是双襟异常宽大绑绑在背后。从下摆处观察，内衣好像是枣红色，衣领是白色的。

御官俑上衣的形制和秦陵兵马俑坑出土的高级军吏俑（俗称将军俑）的上衣完全相同，内外两层上衣的长度均达到膝部以下，交领右衽，双襟宽大。这种衣服的名字在古代称作长襦。

御官俑下身穿长裤，裤的上部因被上衣掩盖而看不清形制，裤腿上宽下窄，裤口束住足腕，似乎是用紧口带束札在一起的。质地厚重，当为复衣。裤为白色，多已斑驳脱色，仅存部分残迹。

御官俑的脑后绾髻，髻的绾结方法是：把头发从头顶部位开始分成大小多少相等的左右两半，梳理后全部拢于脑后，然后将头发向上折起反贴在后脑上，高度与头顶平齐，再将高出头顶部分的余发盘结成圆形小髻，髻内横贯笄。为了防止笄的下坠和滑脱，再用冠带束札。冠的形状比较特殊，由冠头、冠尾、冠室及冠带丝部分组成。冠通长13.5厘米，其前半部分的冠头如方形板状，长和宽各为3.3厘米，厚0.2厘米，前端内勾卷曲折为双层。冠的后半部分为两支分别为向外侧扭曲、旋转成双卷的螺旋形的冠尾。冠尾在和冠头相接处开始向上略呈45度角逐渐扬起。冠室位于冠尾的中部下端，形状如倒置的长方形凹槽，凹槽的两端各有一片圆板封堵，从而构成封闭的槽形冠室，御官俑的扁髻顶端的圆形小髻正好罩于冠室内。冠带是白色的，其余部分彩绘颜色已经完全脱落，看不出原来的颜色。冠的质地硬直，像是用多层的漆布或革类材料制成的。冠带轻软，当为布质。这种冠的形制与秦俑坑出土的高级军吏俑的冠完全相同，即古之鹖冠。

御官俑足穿方口齐头翘尖履，履帮后高前低，尖端向上翘起。履为黑色的，在其口部镶着宽约0.6厘米的彩色边缘，口缘为粉绿色的，色彩对比鲜明。

御官俑腰间束带。带尾和带首等宽，首尾对接，以带钩扣接。腰间束带的位置，后面位于腰际，前面位于腹部下。这与秦俑坑出土的武士俑的束腰方法一致，显示了秦人束腰的显著特征。腰带上施色两层，内层为土红色，外层为褐黑色，并绘有以对角三角形纹样组成的二方连续的黑色纹样。

御官俑的腰部佩带青铜短剑一把，剑与剑鞘铸为一体，形象逼真，好像是剑插在鞘内一样。剑首呈圆盘状喇叭形，剑茎为扁长方体，茎上铸有凸起的四道铜箍，茎上及茎的铜匣上有刀刻人字形的线组缠扎纹痕迹。

剑带是铜质的，宽为1.6厘米，系于腰际的革带下侧，带结绾于腹前，带尾呈八字形分披垂于腹上。带上在褐色的底上绘着精致的二方连续的一组组的云雷纹，组与组的纹样之间以横向的山字纹相隔开。每一组纹样部分都分为上下两层，两层的纹样相同，均以纤细的白线勾勒，横山字纹的颜色已经模糊不清，好像都是白色的。

秦陵铜车马一组两乘，同出一坑，前后排列，称为前车、后车，按照铜车马出土时的前后顺序分别把两辆车命名为一号车和二号车。两乘车一

● 一号车御官俑正、侧、背三视图

前一后,一高一矮,两御者一站一坐,一张一弛,错落有致,构图和谐。驾车的御官手执辔绳,全神贯注,这一组由车、马、人组成的画面,虽静止不动,却表现出跃跃欲试的姿态,显示了威风凛凛、气势浩大的皇家气派。

一号铜车的主要特征:舆较低矮,四面敞露,伞盖高,御官俑站立在车上控御车马。这些特征说明此车即古之立车,又名高车。《晋书·舆服志》说:"倚乘者谓之立车,又谓之高车"。一号车上备有弩、盾等兵器,其性质属于戎车，即兵车。古代的兵车均为立乘，这与一号车的特征完全契合。蔡邕在《独断》一书中讲到皇帝的法驾卤簿时，说"又有戎立车以征伐"。可知此车又可名之为戎立车。

一号车御官俑面庞丰腴，英姿潇洒，从发丝、眉毛、睫毛到浮雕式的两片八字胡，都毫无刀砍斧凿的痕迹，如同天生一般。两袖周围以及腰间因束带而产生的褶皱都用曲线来处理，将所着服装质地柔软的效果恰如其分地表现了出来。御官俑的关节和指甲等部位常人所注意的地方也做了精心处理，整个铜御官俑的造型达到了"形具而神生""神韵生动"的艺术效果，从而使得冷冰冰的青铜也泛出了勃勃生气。

兵车

古代的兵车（又名戎车、轻车）不巾不盖，车上的甲士和御手一律立乘。秦始皇陵兵马俑坑一、二号出土的战车可为佐证。一号铜车与俑坑出土的战车的结构相似，虽有伞但四周敞露，又配有兵器，因而一号铜车实质上是兵车或称之为戎车或戎立车。蔡邕《独断》一书中在讲皇帝法驾卤簿的车马仪仗时说："又有戎立车以征伐"，表明立车的性质是兵车，在皇帝的车队中用以开导、警戒和征伐。

二号车御官俑
谨慎认真的御者

战国—秦（前475—前206）

高51厘米，重52公斤
出土于秦始皇陵铜车马坑

秦陵铜车马上的御官俑是秦始皇帝在另一世界出巡时的驾车者，目的在于尽其职守，侍奉皇帝。

在二号铜车前室内有一位坐姿御者，御者双手紧握六条辔绳，跽坐在前室，神情专注的驾驶车辆。从御者的冠饰和腰际佩剑来看，他决非一般御手，而是一名高级御官，其身份相当于奉车郎。

这件御官俑刚出土时仍在二号铜车的前舆内端坐着，原始位置没有移动。除其所戴的冠尾的右翼残缺一片，腰际所系剑带两处断折外，其余部位完好无缺。

● 二号铜车马

　　铜御官俑作跽坐形,通高51厘米,至头顶高44厘米,头顶至下巴长14厘米,面部最宽处10厘米,跽坐后躯干的底部前后长21.6厘米,左右宽24.4厘米,重51.95公斤。身穿长襦,腰间束带,脑后梳扁髻,头戴鹖冠,与秦俑坑出土的将军俑头戴的鹖冠完全相同。这尊铜御者身着右衽交襟长襦,腰间系带,带上佩一只青铜剑。

　　难怪有的观众总是站在铜车马展柜前凝神注视,久久不愿离去,原因就在于这尊授予塑造得传神形象。

　　御官俑躯干部分的塑造相对比较简洁,但衣纹的曲折流转,衣角的飘动,衣服的褶皱都与躯干的变化相适应,合情合度。发丝则采用阴刻线,将发丝的来龙去脉交代得十分清晰,一丝不苟的刻画出这位驭手的发型,装饰意味较浓。

　　御官俑腰间佩剑,青铜质,系明器,仅铸出剑茎和剑鞘,好像是有剑身插于鞘内。剑为扁茎圆盘首,通长25.4厘米,最宽处2.8厘米。剑茎呈四方棱形的长方体,通长6.5厘米。茎上铸有凸起的五道束札,象征原物是以线组缠扎。剑茎的末端有圆盘形的剑首。剑茎与剑身的交接处有菱形的剑格，与茎和鞘铸连在一起。剑鞘上窄下宽形成不规则的长方体，截面呈枣核形。剑通体有彩绘纹样。剑鞘的纹样是先平涂一层白色作底，再用细如发丝的墨色和朱色相间线条，勾勒出一条条宽约0.5厘米的条带形界域，每个界域内再用纤细的墨色和朱色的双勾线绘出几何形的图案纹样。剑茎的中脊和五道束匝上，在白色的底色上，用墨线和朱色绘出条形的交结缠扎纹。纹样精致，精工细描，风格写实。

● 二号车御官俑面部

这尊御官俑的制造者采用了现实主义手法，逼真写实地表现了御官俑形象，艺术化地反映了驾车人的音容笑貌和体态特征。御官是双臂前伸，作驾车姿势。每个手的食指和中指分开一道缝，恰好容一条辔绳穿过。另外两条绳索则从虎口往手心，半握的双手为握紧地辔绳留足了空隙。二号御官俑由于是坐姿，所以重心容易处理，显得十分稳重。一号御官俑则不同。只见他上身微微前倾，肘部正好凭倚在车轼上。这样的姿势能够保证车子前进时，御手既不会前倾，也不会因为

二号车御官俑

震动而后倒，仅凭双手凭倚就可以保持身体的平衡，有利于安心驾车，很好地保证了车子的安全行驶。

有专家对这尊御官俑的形象和心理进行了专门研究，认为二号铜车马御官俑刻画最成功的地方在于双重心理的塑造。首先这位御者有一定的身份和官阶，地位超出了一般的驾车人。它拥华盖，策四马，驾驶一乘高级安车，因此它的确感到很满足，骄傲的神情难免会在无形中溢于言表。但是与车主人毕竟是主仆关系，它自己只不过是一名高级仆人而已。既然是仆人，那么对待主人一定会毕恭毕敬，言听计从，不敢有丝毫的松懈和怠慢，稍有不慎可能会招来大祸。在这种沉重的心理负担下，很难真正地放松自己，于是乎在一种谨慎恭敬的前提下，他稍稍表现出一丝骄傲。因为与一般庶民比起来，能出入宫廷，能够在皇帝身边，这是多么值得荣耀的事情啊！这种身份和地位的确令普通百姓羡慕，因此，这尊御官俑看起来沾沾自喜，得意洋洋。秦代工匠在塑造这尊御官俑时，特意抓住它既想表现自己的特殊身份同时又谨慎认真、丝毫不敢松懈的神情：这位御官俑身体端坐车前，双目正视前方，两手紧握辔绳，正襟危坐，神情严肃专注。这就将它的想法和心理活动活灵活现地表现出来。但是心理活动总会在表情中有所反映，喜悦、自足的心态很难掩藏起来，总会在不知不觉中流露出来，那细眯的眼缝，微笑的嘴角，又将他得意的神态表露出来。这尊御官俑真不愧为秦代艺术的精品。

二号车铜御官俑的面部和手是粉红色的，头发是黑色的，在天蓝色的长襦袖缘和衣缘上，用黑色作底，用朱红色绘几何花纹。甚至连铜御官俑配剑的剑柄和剑鞘上也有花纹。车舆的装饰花纹也是用不同颜色作底并勾勒出不同的纹样。

卤簿制度

秦始皇统一中国后，对周代以前的车舆制度进行改革，实行卤簿制度。所谓卤簿，是指帝王出巡时必备的车驾。当时，皇帝出巡时有非常盛大的车队，车驾规格也有三种不同的模式，分别采用不同的车辆规模。大驾卤簿是最高规格的仪仗，由81辆车组成车队，以显示皇帝的威风和气势。当皇帝举行重大活动，如祭祀天地和祖宗时使用大驾卤簿；法驾卤簿是中等规格的仪仗，由36辆车组成车队。当皇帝出行时使用法驾卤簿，即有浩大的气势又便于行动；小驾卤簿是最低规格的仪仗，由9辆车子组成车队。一般皇帝微服出巡时使用小驾卤簿，以便于保密。

铜鼎

纹饰精美的重器

战国—秦（前475—前206）

高59.5厘米，重212公斤
出土于秦始皇陵东南

1999年5月，考古工作者在秦始皇陵东南方向的内城之间，石铠甲坑之南35米处，发现了一个东西长40余米，南北宽15米，面积700平方米的陪葬坑。

这件青铜大铜鼎就出土于这个陪葬坑内，鼎无盖，丝毫无损。铜鼎气势恢宏，造型厚重，纹饰构图饱满，线条清晰流畅，是秦文化中所见体量最大的一件铜鼎。

发掘简报记载：该鼎出土时表面布满绿色铜锈，在清理鼎内填土时还发现了三枚铜镞，鼎的口沿上还挂着一段长32厘米，宽1.8厘米，厚0.3

秦陵铜鼎

● 铜鼎局部纹饰拓片

● 铜鼎线图

厘米的铜扁条。鼎为子母口，应配有盖，但未发现。

铜鼎呈横椭圆形，子口内敛，方形附耳外撇，深鼓腹，圆腹下收为平底，三足，有精致的纹饰。铜鼎表面布满浅层的绿色铜锈，耳、肩、腹部铸有繁缛精美的纹饰。鼎耳上布满"S"纹、绞索纹、谷芽纹；肩部有上下各六组连续不断的蟠虺纹；肩与腹相交处的扉棱上是一圈三角形的蝉纹；腹部是七组变形的蟠虺纹；三足是蹄形，上各铸一变形的兽面纹，兽双目圆睁，直鼻卷唇，两侧有卷云状羽翼。底部有一周宽1.6厘米，高0.8厘米的凸棱，内侧圜底近平。

专家认为，秦器的鼎可以分为春秋型和战国型两大类。春秋型鼎是秦人在周鼎的基础上"闭关锁国"独自发展起来的。其总趋势是：腹越变越浅，腹外壁由鼓趋直，圜底趋平，其状先似盆后如盘；三足自腹底逐渐移向腹外侧。足腹相连处，外鼓程度加大，三足逐渐成鼓努伸张之势。足底部由外展特甚而逐渐内收，并先后出现足底和足腰两道凸出的宽带纹。蹄足由短粗而趋瘦高。

战国型秦鼎形制仍保持原样无大的变化。始终作三组、附耳、鼓腹、圜底矮蹄足的扁球形。在形体方面，战国型秦鼎的形体较小，一般通高不超过20厘米，口径不超过19厘米，腹深不超过12厘米，重量在2—3公斤之间。秦陵秦鼎器型较大，纹饰精美，非常少见。

从百戏俑的衣着、姿态来看，应该是反映或象征了秦代的百戏场面。这只铜鼎就是举鼎时的一件道具。古代力士举鼎有号称千斤的，据说秦时一斤约为今天的250克，那么，千斤就是250公斤，与铜鼎的重量大体相当。因此，这只铜鼎在这里已经不是宗庙礼器，而是举鼎时的工具。扛鼎，便是举鼎。古代人多以举鼎显示威武有力。项羽被称作力能扛鼎。秦武王有勇力而好戏，经常与朝中几位力士举鼎斗力。秦陵百戏俑与大铜鼎同时出土，说明两者有一定的关系。

国之大事，在祀与戎。鼎是国家祭祀时的重器，也是古人表明身份的重要象征，秦陵大鼎无论从外部造型还是表面纹饰都表明它在当时具有重要身份。

关于铜鼎的铸造时代及国别，学术界尚有不同意见，有认为铸造时代早到春秋晚期至战国早期，有认为属于战国中晚期。从鼎的造型与纹饰综合考察，鼎的形状加盖后近似球形，蹄足矮，子口内敛较甚，鼎腹较深，这些都是战国晚期秦鼎的特征。仔细观察鼎的纹饰，蟠螭身躯上填刻的类似卷云式的勾连雷纹；兽面部分填刻的是S形阴线云纹；两个条带之间凸弦纹上的三角形的勾连云纹等，亦是战国晚期秦代器物上常见的纹样，由此可判断，铜鼎铸造于战国晚期。

目前学术界对秦陵大鼎的性质有三种判断：一是作为祭祀之器。可能是秦末战乱期间，守陵人员为避免铜鼎遗失而特意从秦始皇陵北部寝殿搬运并埋藏于此。二是作为祭祀或埋葬仪式的用具，在仪式举行完毕之后随之埋藏于陪葬坑中。三是百戏俑用来举鼎的道具。